现代体育教学理论与多元教学研究

王翠娟◎著

吉林出版集团股份有限公司
全国百佳图书出版单位

图书在版编目（CIP）数据

现代体育教学理论与多元教学研究 / 王翠娟著 . -- 长春：吉林出版集团股份有限公司，2022.11
　　ISBN 978-7-5731-2774-7

　　Ⅰ . ①现… Ⅱ . ①王… Ⅲ . ①体育教学—教学研究 Ⅳ . ① G807.01

中国版本图书馆 CIP 数据核字 (2022) 第 220843 号

现代体育教学理论与多元教学研究
XIANDAI TIYU JIAOXUE LILUN YU DUOYUAN JIAOXUE YANJIU

著　　者	王翠娟
责任编辑	祖　航　林　琳
封面设计	李　伟
开　　本	710mm×1000mm　　1/16
字　　数	190 千
印　　张	11.25
版　　次	2023 年 4 月第 1 版
印　　次	2023 年 4 月第 1 次印刷
印　　刷	天津和萱印刷有限公司

出　　版	吉林出版集团股份有限公司
发　　行	吉林出版集团股份有限公司
地　　址	吉林省长春市福祉大路 5788 号
邮　　编	130000
电　　话	0431-81629968
邮　　箱	11915286@qq.com
书　　号	ISBN 978-7-5731-2774-7
定　　价	67.00 元

版权所有　翻印必究

作者简介

王翠娟，女，毕业于山东师范大学，体育教育与运动训练方向，硕士，现工作于山东财经大学体育学院，副教授，主要从事健美操教学与训练工作，出版专著三部，参与省部级课题两项，发表论文多篇。

前　言

　　现如今，我国经济发展迅速，国泰民安。随着人民生活水平的不断提高，在此基础上大力发展体育事业，是为了使体育在社会上，尤其是学校中得到全面普及。梁启超先生曾说，少年强则国强；人们也常说，孩子是祖国的花朵，少年是国家的希望。由此我们可以看出，无论是国家还是家庭，对于教育这一课题尤为重视。现阶段，国家政策正推动学校教育改革不断发展，教育思想已由"重成绩"向"建设德才兼备的高素质人才"进行转变，体育教学已成为学校教育中需要重点研究的课题之一。同时，近些年来因多元教学模式在学生创新思想、实践能力、合作精神等方面培养与提升上有巨大作用，也受到越来越多学科的重视。多元教学作为教育改革的重要组成部分，以一种科学有效的教学方法和教学模式，进入了学校体育教学的视野。在一些人的观念中，"体育"仅仅是存在于学校的一门课程，体育课还需要为主要课程让路。但我们需要认识到，在推行素质教育的现代中国，"体育"不再是一门可有可无的课程，而是应与其他主要课程具有同等地位。我们应教育学生把"体育"作为一项终身技能来学习掌握，引导学生具有终身体育意识。本书将围绕现代体育教学理论与多元教学研究展开论述。

　　本书共五章。第一章为现代体育教学概述，分别介绍了体育教学的概念、基本内容、特点与原则及现代体育教学理念的发展；第二章为现代体育多元教学的理论概述，分别从现代体育多元教学的基本内涵、理论价值、设计创新、技术发展四个方面展开论述。前两章从概述的角度，对体育教学和现代体育多元教学的基本概念进行了简单论述和分析。第三章为现代体育多元教学的体系构建，分别从现代体育多元教学的文化形成、方法设计、内容构建、评价分析四个方面针对现代体育多元教学展开论述；第四章为现代体育多元教学的有效实现，分别从现代体育多元教学的科学理论、角色关系、组织实施三个方面，从教学实践的角度对现代体育多元教学的实际过程进行论述；第五章为现代体育多元教学的技能训练，分别从体育课堂教学技能训练的过程与原则、体育课堂教学技能训练的分类与形成、不同体育项目的技能训练分析三个方面论述。

　　在撰写本书的过程中，作者得到了许多专家学者的帮助和指导，参考了大量的学术文献,在此表示真诚的感谢!限于作者水平尚有不足,加之时间仓促,本书可能存在一些疏漏,在此,恳请同行专家和读者朋友批评斧正!

王翠娟

2022 年 1 月

目录

第一章 现代体育教学概述 1
 第一节 体育教学的概念 1
 第二节 体育教学的基本内容 4
 第三节 体育教学的特点与原则 12
 第四节 现代体育教学理念的发展 22

第二章 现代体育多元教学的理论概述 35
 第一节 现代体育多元教学的基本内涵 35
 第二节 现代体育多元教学的理论价值 41
 第三节 现代体育多元教学的设计创新 44
 第四节 现代体育多元教学的技术发展 54

第三章 现代体育多元教学的体系构建 61
 第一节 现代体育多元教学的文化形成 61
 第二节 现代体育多元教学的方法设计 65
 第三节 现代体育多元教学的内容构建 72
 第四节 现代体育多元教学的评价分析 79

第四章 现代体育多元教学的有效实现 92
 第一节 现代体育多元教学的科学理论 92
 第二节 现代体育多元教学的角色关系 97
 第三节 现代体育多元教学的组织实施 110

第五章　现代体育多元教学的技能训练……………………………………120
　　第一节　体育课堂教学技能训练的过程与原则……………………120
　　第二节　体育课堂教学技能训练的分类与形成……………………123
　　第三节　不同体育项目的技能训练分析……………………………130

参考文献……………………………………………………………………170

第一章 现代体育教学概述

改革开放后，我国在重视经济发展的同时对提高国民身体素质的重视程度也有所加深。提高国民身体素质，不能仅在公共区域的基础设施建设上下功夫，还要在学校大力推行体育教育，要将学校体育教育摆在与其他主要课程同等重要的地位。理论是实践的基础，实践是检验真理的唯一标准，体育教学也应该遵循这一规律，将体育理论教学与体育实践联系起来，只有这样才能更有利于体育教学的研究和发展。为促进学生身心全面健康发展，学校在实施体育教学的过程中应当使用科学合理的方法，这也是提高我国整体国民素质的必然要求。本章为现代体育教学概述，分别从体育教学的概念、基本内容、特点与原则，以及现代体育教学理念的发展展开论述。

第一节 体育教学的概念

一、教学

我国关于"教"与"学"的研究在很早以前就有据可考。据史料记载，我国最早的文字"甲骨文"中记载着有关"教""学"的概念。在当时，"教""学"是两个独立的概念。考古资料发现，在殷商时期《尚书·兑命》中记载着"上学为教；下学者，学习也。言教人乃是益己学之半也"，这是中国最早的有关"教""学"结合的理论。东汉时期的许慎在《说文解字》一书中也对"教，上所施，下所效也"这句话进行了解释。种种资料表明我国在很久以前就提出了"教学"这一名词概念。

不仅中国展开了对"教学"一词的研究，其他西方国家也有着不同的理解，这一词在学术界的研究历史并不短，但仍没有关于"教学"这一概念的统一含义。

具体而言，我们可以从宏观和微观两个方面理解国外专家与学者对"教学"一词的认识。在宏观方面，大多数学者认为教学是由教师的"教"和学生的"学"所组成的一种人才培养活动。通过这种活动，教师可以引导学生学习并掌握文化科学知识与技能，有利于提高学生素质，为社会培养出各种类型的人才。在微观方面，教学活动是一种很直观的活动，这种活动以学生为主体，以教师教授学生特定知识为内容，所以有些学者认为，这种教育活动就能够被称为"教学"。

我国学术界对"教学"一词也发表了自己的观点，在这些观点中，人们对"统一活动说"与"教学的广义与狭义说"这两种观点比较认同。"统一活动说"侧重于学生的全面发展，注重"教"与"学"的统一。"教学的广义与狭义说"中，广义的教学泛指经验的传授和获得过程；狭义的教学则指学校教育中以培养人才为目的的教学活动。"教学"被学界认为是一种有组织、有计划的教学行为。

二、体育教学

学校体育教育的教学目标是让学生学习基本知识、熟知基本技术、掌握基本技能。教学目的是培养学生终身体育意识，让学生养成终身体育锻炼的习惯。体育教学的概念是，体育教师将体育课程与其他科目课程相配合，利用体育理论知识对学生进行教学实践，促进学生身心健康发展。

（一）体育教学的基本含义

1. 体育教学是一门学科

体育教学并不仅是简单的热身、跑步、拉单杠，体育教学也与其他学科一样有着教学目标、教学思想、教学内容、教学方法、教学模式、教学评价等内容，在现阶段的学校体育教育中，有很多体育教师会忽略这些教学的"前置内容"，不注重对体育教学的规划，想到哪儿就教哪儿，不成系统，毫无章法可循。体育教师应该明白，学校体育教学的目的是要促进学生的全面发展，使他们在进入社会之后仍然能够运用在学校所学到的科学合理的体育知识，指导自己乃至他人的体育锻炼活动。所以，现阶段的教学目标是需要培养学生的体能锻炼与身心健康。

在21世纪，人才已不能只使用"文科""理科"这么笼统的概念来划分了，在注重人才全方位发展的同时，也要注重对各种拥有不同技能人才的培养。在以往的学校教育中，针对医生、律师、警察、翻译这种专门人才的培养非常普遍，近几年，国家也开始注重对编导、画家、运动员这类人才的培养。因此，学校体育教育也随着时代的发展拥有了越来越重要的地位。我们不能否认体育运动对增强国民身体素质的作用,并且体育教育正是能使国民身体素质得到根本提升的重要途径。学校教育在学生学习体育知识与技能的过程中将会提供最系统、最全面的指导,有利于培养学生的体育学习专业性与社会适应力。

2.体育教学是教育的组成部分

随着时代的发展,我国的教育理念也在不断进行改进和创新。在当前的教育背景下,各学科教学必须坚守素质教育这一理念。素质教育旨在促进人的全面发展,提高国民素质。显而易见,要真正落实素质教育,主要突破点在于要提高体育课程在学校与大众心中的地位,要意识到体育教学对于落实素质教育的重要作用。体育教师通过教授体育专业知识,使学生能够在科学指导下进行体育锻炼,促进其身心健康的发展。

3.体育教学是活动

体育教学并不是杂乱无章、无序可循的,它由各种体育活动构成。学生在体育教师的带领下有目的、有计划、有组织地参与体育教学活动,学习体育理论知识,还会在体育教学的过程中逐渐掌握和提高自己的体育运动技能。这个过程需要自身对体育的感受和经验的积累,不能一蹴而就。

(二)体育教学的性质

任何事物都有其特点与性质,正是这些特点与性质将两种事物区分开来,使其展现出不同于彼此的形态。体育教学之所以能够与其他学科教学区别开来,正是因为其自身具有的独特性质。体育教学的性质有以下几方面:

1.户外教学

体育教学最显著的特点就是它的教学地点在室外及有专门的室内体育场馆,这是由体育教学的方式决定的。体育教学除了要进行体育理论的学习外,更重要的就是要进行体育实践。

2.需要承受一定的运动负荷与心理负荷

运动负荷是指在体育教学过程中进行的体育锻炼。心理负荷是指人在体育锻炼中所需要承受的心理负担,包括对体育学科的认识、个人意志和情绪。这是由体育课程的特殊性决定的。

3.较频繁的人际交往

在其他学科的教学活动中,学生只需要集中精力听讲,并不需要频繁地在课堂上与同学或老师过多交流,因为其他学科在教学过程中大都需要安静思考。而在体育教学中,老师鼓励同学之间相互进行经验交流,鼓励学生将身体活动与思维活动相结合,这也是体育教学区别于其他学科教学的一大特点。

4. 注重发展学生的时空感觉和运动智力

5. 对学生的自我操作与学习体验更为关注

体育教学作为身体教育的主要方式,运动技能是体育教学过程中最重要的教学形式,在其他学科中,并没有关于运动技能的内容,这也是体育教学与其他学科教学的不同点。对于各科课程,学生都必须要经过阶段性的学习才能扎实掌握。认知阶段、联系阶段和完善阶段是学生全面掌握体育运动技能的必经阶段。认知阶段中,学生与体育运动技能的联系最为密切。这一阶段体育教学的主要目的是学生对于技能要素的表面认识。从这一角度看,运动技能只是一种"操作性知识",是一种指导学生如何进行体育锻炼的科学方法。

可见,体育教学的本质是对学生进行体育运动技术和知识教学,让他们在学习了运动技术和知识以后能够建立起属于自己的运动技能体系。

第二节 体育教学的基本内容

一、体育教学内容的层次与分类

(一)体育教学内容的层次

现如今,学校体育的教学内容分为宏观与微观两方面,具体分析如下:

1. 宏观层面

从宏观层面来看,体育教学内容主要包含三个层次,分别是上位层次(国家课程和教学内容)、中位层次(地方课程和教学内容)和下位层次(学校课程和教学内容)。

(1)上位层次——国家课程和教学内容

体育教学的上位层次对我国基础教育教学质量具有决定作用,各个地方教育部门及学校都必须将国家教育行政部门规定的教学内容作为最高标准执行。

国家课程和教学内容能够保证在学生进行基础教育之后达到我国国民体育素质的最低目标。毋庸置疑,不同教育阶段具有不同的教学内容,而不同的教育阶段对于学生的培养目标也不尽相同。因此,国家结合不同教育阶段的教学内容与培养目标,充分考虑不同教育阶段学生的心理、身体素质和特点,编写出符合实际的课程标准。由于上位层次是最宽泛的一个层次，它需要使各地方在它规定的范围内根据本地方实际情况展开具体教学。因此，上位层次中制订的教学大纲往往是最笼统的，但也是最全面的。

（2）中位层次——地方课程和教学内容

地方课程和教学内容具体来说就是根据上位层次中的教学大纲进一步细化体育课程教学内容。

中位层次将各地方不同差异逐渐体现出来，省级教育行政部门作为中位层次中地方课程和教学内容的开发者，可以根据各地方现实中的差异，在与当地的教育发展情况紧密结合的前提下，充分利用本地区教育资源，因地制宜、因时制宜，体现出一定的地域性特点。

（3）下位层次——学校课程和教学内容

下位层次与体育教学的关系最为紧密，下位层次是学校体育教学必须遵从的标准。

学校课程和教学内容应具有多样性和选择性，根据下位层次制定出的教学内容不仅将上位层次、中位层次作为标准，而且下位层次范围更小，更加符合本校学生的心理、身体特点。在对教学内容进行设计时，为实现学校体育教学的目标，促进学生的身心全面健康发展，下位层次制定课程标准时尊重各个学校的独特性和差异性，在下位层次标准下制定出的课程大纲满足每一个在校学生的体育学习和体育发展需求。

国家负责体育教学内容上位层次的建设，各级各地方教育行政部门负责体育教学内容中位层次的细化，而最具体的下位层次则是由每个学校根据自己的硬件设施和教师能力来规定的。三者地位不同，职责不同，所涵盖的范围也不同。一般来说，在体育教学过程中，下位层次往往占据了较大比例。[1]

2. 微观层面

任何一门学科都有自己的教学内容，无论是在教室上课的文化类课程还是在操场、体育馆上课的体育课程。从微观层面来看，根据体育教学内容具体化的程度，体育教学内容包含以下四点：

（1）第一层次——体育课程标准所示的学习内容

每一门学科都有自己的课程标准。课程标准是教学内容的根据，不同阶段的教学内容也都是从课程标准中选择的，这也表明教学内容的设置必然符合课程标准。

---

[1] 杜俊娟. 体育教学设计 [M]. 北京：北京体育大学出版社，2007.

（2）第二层次——课程标准所示的水平目标

微观层次的第二层是课程标准所要求的各个不同教育阶段学生应该达到的水平目标，这一层次是对学生掌握学习内容的具体化。第二层次要求学生通过学习教学内容达到基本能力标准，达到本层次基本目标。

（3）第三层次——体育教学的教学物质设施

第三层次的教学物质设施包括进行体育运动所需的各种场地、工具等硬件与软件设施。该部分教学内容依据不同功能和形态、按照大小练习循环多少也可以分为四个层次。[①]

（4）第四层次——体育教学的教学方法与手段

这一层次的教学方法与手段是体育教学中最细化的内容，是教学内容的具体化。

（二）体育教学内容的分类

1.体育教学内容分类的基本要求

（1）符合教育价值取向

随着时代与体育教学需要的发展，体育教学内容的分类也在与时俱进。不同时期的学校体育教学内容总是随着当时学校体育教学目的而变化的，且与当时的体育价值观紧密相连。

（2）服务体育课程目标

体育课程目标是教学活动的指导手册。要实现体育课程目标，首先要制订符合课程目标的体育教学内容。体育教学的目的与任务构成了体育教学内容，不同教育阶段的体育教学目的不同，教学任务自然会不同，教学内容也会随着这两方面的变化而变化。不同教育阶段都有与其适配的教学内容，对教学内容进行分类是制订教学内容的前提，也是更好、更快地实现体育课程目标的必然要求。

（3）符合学生发展规律

符合学生发展规律的体育教学内容才真正符合体育价值观与现代体育教学发展需要。由于学生正处于青春发育期，处在不同年龄阶段的学生，其生理特征与心理特征自然有所不同。这就要求体育教师应充分考虑所选用的具体教学内容是否符合本阶段学生的发展特点，对学生展开教学。

有关部门在制订体育教学内容时，应遵循学生身心发展的基本规律，充分了解各年龄阶段学生的生理和心理特点，充分把握"机体和心理在一定年龄阶段可

---

① 蔺新茂，毛振明．体育教学内容论 [M]．北京：北京体育大学出版社．2014．

承受的运动负荷与能够从事的运动项目是对应的"这一规律。因为小学生的注意力不容易集中，在四十分钟的课堂教学上容易开小差。所以，我们应该遵循小学低年级学生的特点，制订教学内容时应当注意让低年级学生"在玩中学"，除了培养最基本的活动能力外，体育游戏也应当写入教学大纲。体育游戏的加入有利于培养小学生对体育锻炼的兴趣，用体育游戏的方式培养学生终身体育锻炼的意识，让他们对体育这门学科保持积极主动的学习热情，进而达到提高身体素质的目的。

（4）便于开展教学实践

实践是检验真理的唯一标准。有关部门在对体育教学内容进行分类时不仅要合理，还必须符合科学发展规律。为教学实践服务是体育教学的基本理念，在对体育教学内容进行分类时也应坚持这一基本理念。有关部门应先充分考虑体育教师在体育教学实践中对课程内容的选择与安排是否便利，再对体育教学的内容进行具体分类。

（5）与其他教学要素相联系

体育教学内容分类并不是一个独立的个体，而是体育教学中与体育教学方式、体育教学环境等地位平等的一项服务于体育教学的内容。在进行体育教学分类时，不能只注重教学内容的开发，还要将体育教学的方法、评价和教学内容的分类有机结合起来，共同服务于体育教学。

2. 体育教学内容常见分类方法

随着时代的发展，现代体育在之前的体育项目上又有了许多创新和发展。现代体育项目与内容多种多样，想要对学校体育教学中的教学内容进行分类，需要找到分类的内在逻辑，即怎样分类和为什么这样分类。对体育教学内容进行分类的目的是让教师了解自己在本阶段应该怎样教，让学生了解在本阶段应该怎样学，这样有利于提高实现课程目标的效率。由于现阶段的体育教学内容之间并没有过多的逻辑，教学内容之间的替代性较强，而且学术界对于教学内容的分类还未达成一致意见。目前，体育教学内容的分类方法大致如下：

（1）根据体育教学功能分类

我国教育有关部门根据学校体育课程相关文件将体育课程内容体系进行了重新构建。体育课程内容体系将由三维健康观、体育的本质特征、体育与健康课程等领域的目标为建设依据。而体育教学内容具体包括运动参与、运动技能、身体健康、心理健康和社会适应力。

（2）根据体育教学目标分类

人们希望通过进行体育教学活动所达到的目的就是体育教学的目标，不同教育阶段有不同的体育教学目标。因此，我们可以根据体育教学需要达到的目标进行分类。按照这种分类方法，我们可以将体育教学内容分为以培养学生运动兴趣为目的、以发展学生身体素质为目的、以促进学生形成终身体育锻炼的良好意识为目的等。将体育教学内容根据体育教学目标分类，有利于提高体育教学效率、淘汰过时的教学内容编排方式，从而有效丰富学校体育教学的内容，不断扩大学习范围。

（3）根据机体活动能力分类

此种分类方法就是以人类天生就具有基本活动能力为依据，对体育教学内容中所有的体育运动项目及身体练习进行分类。

此种分类对于体育教学内容有积极影响，它不受正规体育运动项目规则的限制，有利于对学生的基本活动能力进行有目的、有针对性的培养。此种分类也是适合低年级学生的教学内容分类，它在组合教学内容的基础上，更有利于规范学生的各种身体动作和发展学生的基本活动能力。

一切事物都有其局限性，这种方法也不例外。例如，由于高年级学生身体素质、心理负荷能力等各方面能力都优于低年级学生，这种根据人类机体活动能力分类的较为基础的分类方式不仅不再适用于高年级学生，还有可能会导致高年级学生逐渐丧失在低年级时培养起来的运动兴趣。

（4）根据身体素质内容分类

此种分类方法是现代体育教学中常用的一种方法，对增强学生身体素质有着较明显的作用，有利于学校完成体育教学目标。身体素质即人体的运动能力，包括力量、耐力、速度、灵敏度、柔韧性等因素。通过这种分类方法，又可以将学校体育教学内容按以下三种类型划分。第一，根据不同年龄段的学生所具有的不同程度的身体素质；第二，根据完成一项动作技能所需要达到的体能内容；第三，根据身体部位能够单独进行训练的体能内容。

根据身体素质的内容进行分类的方法，优点在于可以让学生正确认识每项具体的体育运动，有助于学生在短时间内规范技能练习并且提升自身体能。这种分类方法也有缺点，在学校体育教学中，许多体育项目都不以提高某一方面的身体素质为主要内容。因此，在这种分类下，学生容易对体育教学内容的文化特性产生错误认知，他们会认为体育教学只是一项提高身体素质的教学活动，并不需要系统地学习理论知识、提高专项技能。

（5）根据体育运动项目内容分类

现如今，在体育教学中应用比较广泛也比较普遍的一种内容分类方法是根据体育运动项目内容进行分类。具体而言，就是按照各个运动项目的名称和内容来进行系统分类，还会根据各项体育项目的特点做出详细具体的划分。大致可以分为球类、体操、田径、武术、体育舞蹈、冰雪运动、水上运动等。

根据运动项目对体育教学内容分类对学生了解学习内容、了解和掌握体育运动文化起到很大作用。这种分类方法虽然不影响学校常设的体育项目教学，但在分类时却容易忽略一些并未列入正规体育比赛的运动项目。由于正规体育比赛的运动项目在规则、技能等方面有着与学校体育教育不匹配的高水准，教学内容也与学校体育教育的内容有一定差别。这就要求体育教师具备较高的对体育教学内容进行加工、改造的能力，否则体育教学内容的性质或许就会发生变化。

二、现代体育教学内容的基本构成

随着我国科教兴国战略和素质教育的大力实施，体育教学已然成为我国教育体系中的重要环节。在现阶段的学校体育教学中，我国各级、各类学校的体育教学内容主要分为基本教学内容和选用教学内容两方面。

（一）基本教学内容

1. 体育、保健原理与知识

体育、保健原理与知识课程内容的开展有利于学生自觉有序地参与各项体育活动、从事体育健身实践，从实践中领悟体育对国家、社会及个人发展的重要意义。

体育、保健原理与知识课程是我国学校体育教学中最基础的内容，是针对初学者"为什么要进行体育锻炼"的启蒙课程。只有了解体育和保健的原理及有关知识，学生才可能产生对体育学习的兴趣。学生将基本的体育常识和保健原理掌握后，就可以在生活中运用所学知识进行体育锻炼。

该部分教学的内容，容易罗列简单无逻辑且支离破碎的理论知识，而忽略教学内容的系统性，应注意本部分教学内容与生活实践的联系，切勿将理论与实践割裂开来。

2. 田径运动

体育教学的第二个基本教学内容就是田径运动，田径运动是所有体育运动中最基础的内容，因此，它有着"运动之母"的美誉。

学生在进行具体复杂的体育项目之前，必须要经过田径运动的训练。田径运动为学生在其他体育运动领域的学习奠定了基础。田径教学内容包括多种运动项目，这些田径项目不仅是为了让学生学会"跑""跳""投"等身体运动，更重要的是为了让学生掌握体育运动的方法、原理等，在熟知应该如何进行体育运动之后，再进行其他体育运动的学习。

3. 球类运动

由于球类教具是属于比较普遍且大众化的事物，球类运动教学在学校体育教学中占比很大。

此类运动的教学目的是使学生初步了解球类运动的文化及大致规则、熟知球类运动的特点与规律，掌握球类运动技能。

由于球类运动的教学相较于其他运动项目来说较为复杂，学生想要完全掌握球类运动的运动技术是比较困难的，因此需要花费大量的时间进行学习与训练。

教师应从具体教学内容中找到逻辑顺序，根据顺序教授学生此类运动的学习经验与训练技巧。如应该先向学生讲述规则，再教授战术，战术理论学会后，应当在实践中讲解如何进行战术配合，最后进行实战演练。球类运动的教学应在学生了解了球类运动特点及技能发展规律、掌握对球类运动的认知与技能学习之后再进行深层次的教学。在教学过程中，为促进学生全面且准确地掌握教学内容，教师应当注意教学方法的甄别选用，将运动基本理论、运动技术、运动战术、运动竞赛等模块充分结合，使学生能够在课堂中尽可能全面地掌握教师所教授的内容。

4. 体操运动

体操运动历史悠久，作为体育教学中的基本教学内容被编写进学校体育教学大纲。

众所周知，体操项目众多，我们在电视中看到的跳马、平衡木等都属于体操运动。学校体育硬件设施中的单双杠也是为了体操运动教学而准备的。学校体育考核中，男生的"引体向上"就属于体操考核的一种。体操对学生的身体协调、平衡力等都有着较高要求，学生可以通过循序渐进地学习体操技能，使自己的体操水平稳步提高。

教师在体操课程授课前，要做好备课工作，怎样为学生展示体操动作、怎样处理教学过程中的突发事件等都是教师在体操教学过程中需要考虑的问题。体操课程的最终目标是要使学生通过学习本科的课程增强自身体质、提高运动能力。教师在教学过程中也应循序渐进，掌握学生的生理、心理负荷阈值，合理安排课程内容。

5. 民族传统体育

民族传统体育是我国学校体育教学中最能够体现中国特色的课程设置，是我国优秀体育文化的重要内容。

我国传承发展了五千年的民族传统体育项目具有丰富的文化内涵，它内容丰富、种类繁多，是当之无愧的体育文化瑰宝。将民族传统体育纳入高校体育课程教学是传承我国民族传统体育的重要和有效途径，学生通过学习该部分体育文化，有利于增强民族自豪感与民族自尊心，提高文化自信，同时也能有效实现强身健体、调节心理、养生保健、技击防卫等目的。具体而言，民族传统体育课程的设置对于学生了解古代的礼仪文化、培养学生的民族自豪感及爱国精神都起着很大作用。民族传统体育课程的设置也有助于学生保持学习热情、养成终身体育锻炼的习惯，为民族传统体育文化的传承与培养提供了可能。

学生想要在民族传统体育项目中有所作为，就必须要付出不同于其他体育项目的耐心与精力，这是由民族传统体育难度极高的动作套路决定的。同理，学校要想大力发展民族传统体育，就要在本课程的课时设置上分配更多时间，让学生获得更多的实践机会。

在民族传统体育项目的教学中，体育教师应突出课程内容的特殊性，即文化背景和意义的阐述。这是因为此项教学内容来源于人们的日常生活，与生活习俗、民族风情等息息相关。要多向学生传授此项课程的文化性、范例性和实用性，为我国民族传统体育的可持续发展营造良好的文化氛围，并培养一批优秀的文化传承人。

6. 韵律运动

在日常生活中，广场舞、健美操、艺术体操等"舞蹈"随处可见，这些运动也属于现代体育教学内容，我们把它们统称为"韵律运动"。韵律运动的教学目的在于改善学生的体态，培养学生的动作节奏感和肢体协调力及表现力。

通过对韵律运动特点的把握，在教学过程中引导学生了解韵律运动的舞蹈、音乐理论基础和特点，使学生自发地提高自身审美意识和审美能力。学生肢体的艺术表达能力，可以通过技术动作练习来提高，而学生的自我创造意识和创造能力则能够在韵律运动的练习过程中慢慢培养。

（二）任选教学内容

体育教学内容的层次可分为宏观和微观，这种层次的确定对各地方和学校制订具体体育教学内容提供了思路。一定程度上来说，限制也并不严格，各地方和学校在具体教学课程的设置上具有非常多的选择。我国文化历史悠久，占地面积广阔，俗话说"一方水土养一方人"，地域差异形成了多种带有特色的体育文化。各地区学校都会根据本地特色设置一些独特的传统体育课程，这些"独有"的体育项目在很大程度上为本地区传统体育文化的传承推广做出了卓越贡献。

"任选教学内容"并不是说体育教师对此模块内容的选用可以随心所欲，而是指教师应当在充分考虑学生身心发展特点及身体素质后，在体育教学大纲范围内对本地区的体育教学项目进行考察、研究和筛选，选择合适的教学内容，最终实现学校体育教育目标、提高学生身体素质。

第三节 体育教学的特点与原则

一、体育教学的特点

（一）教学学科的共性特点

教学活动具有共性。体育教学与其他学科教学都属于教学活动，因此体育教学与其他学科教学存在相似点。列举如下：

第一，概念相同。体育教学与其他学科的教学同属教学概念，即第一节中提到过的教师的"教授"与学生的"学习"模式，这种模式是双方行为，教师与学生都要参与其中。教师与学生在课堂上就技术问题进行交流，无论是语言还是肢体方面。但之前和现在教学过程的区别是，之前的课堂偏向教师输入，而现代教学则更注重学生的输出。

第二，教学组织方式相同。所有教学活动都是以班级为单位来组织教学的，但体育教学活动有其特殊之处，即体育教学在教学过程中有可能存在单项班教学模式。

第三，教学目的相同。教学活动就是为了向学生传授他们没有接触过的新知识。

（二）体育教学的个性特点

体育教学与其他学科教学的共性特点构成了所有教学活动，而体育教学的个性特征才真正使体育这门学科生动起来。

1. 教学环境的开放性

体育实践教学是中国学校体育教学中最主要的方式。实践，即让学生真正参与到体育锻炼中，在体育锻炼中培养体育运动技能。因此，体育教学的地点并不在室内，而是在学校操场与体育馆等空间较大的场所。

体育教学环境的开放性要求体育教师做到以下几点：

第一，在课前对教学活动的干扰因素逐一排查，尽量将教学活动的质量最大化。

第二，如班级内学生数量不利于教师管理，可采取分组教学模式。

第三，注重对学生的安全教育。

2. 教学过程的直观性

教学内容的直观性体现在教师对教学内容的讲解、教师对体育动作技能的示范和教师对体育教学的组织与管理上。

第一，教师在教学过程中要对运动项目的难重点进行拆解，运用富有肢体表现力的语言将重难点详细地传授给学生；将重点、复杂的技术动作简单化，使学生轻松掌握学习要点。

第二，教师应在教学过程中进行标准动作示范，不仅要将正确的动作教授给学生，还要向学生展示错误的动作，这样才会使学生直接感受到动作的标准与否，有利于他们在脑海中建立正确、清晰的运动图像。要想使学生更好地了解体育知识、熟知体育技术、掌握体育技能，帮助学生建立动作表象是基础。当动作表象生成后，再搭配教师详细的讲解，使之与思维相结合，有利于学生促进自身身体素质的改善，进而提高其运动水平。

第三，教师在教学过程中要对学生进行管理，这种管理不仅是表面上的课堂纪律，更为重要的是对课程进度、教学环境的管理，有助于教师更好地把握教学方向，稳步实现课程目标。

3. 人际关系的多边性

现代体育教学使学生与教师建立起了频繁的交际关系，共同为实现体育课程目标而努力。体育教师应充分利用体育教学的这一特性，引导学生与他人交往，在提高体育运动技能的同时提升自己的人际交往能力。

4. 技能学习的重复性

最新一版《体育（与健康）课程标准》中提到，现代体育教学最基本的目的是使学生能够掌握运动技能，让学生在掌握运动技能后能够自己进行科学、安全、有效的体育锻炼。重复学习运动技能则是达成这一基本目的的关键一步。提高学生运动参与积极性是现代体育教学的目标之一，促进学生身心健康是现代体育教学的主体思想，而现代体育教学最终是为提高学生社会适应力服务的。这仍然要求我们在体育教学中让学生对运动技能进行重复不断的学习与巩固。

运动技能需要经过四个阶段的练习，分别是动作分解练习阶段、动作连贯练习阶段、连贯动作的独立完成阶段和连贯动作的熟练完成阶段。学生在进行运动技能训练时不能急于求成，否则将会出现基础知识不牢、地基不稳的问题。

由于学生仍处在对技能的摸索阶段，体育教师在让学生练习运动技能时，不能指望学生一上来就把动作做标准，应允许学生经历由不会到会、由浅入深、由生涩到熟练的发展过程。体育教师还应该合理安排不同运动技能的课程设置，简单技能与复杂技能在课程设置上应有所区别。但无论简单与否，体育教师都应叮嘱学生反复练习，以提高学生的运动技能。

5. 身体活动的常态性

这一特点在体育教学过程中显而易见。体育教学是一项身体教学，教师与学生必须通过对运动技能进行反复练习，来逐渐掌握技能要领。

体育教学活动的地点多为户外或专用运动场馆，与一般性（主要指文化类学科）多在教室（实验室、多功能厅）进行的教学活动具有相反的学习要求。两者除在上课地点上有不同要求外，在对学生的纪律要求上也存在差异。在一般性教学活动进行过程中，需要学生保持相对安静，这样才能更好地激发学生的思维，产生更好的学习效果。而在体育教学活动的过程中，由于场地较为宽阔，运动技能练习占了一堂课的大多数时间，所以并不需要保持安静，反而为了能够让学生对运动技术掌握得更加牢固，通常需要学生与学生之间以及学生与教师之间随时保持交流沟通，在交流中共同进步。

现代体育教学中最频繁的教学就是"身体教学"，教师在对学生进行培训的过程中需要亲身示范、讲解，学生在教师讲解完毕后也要对所学运动技能亲自实践。因此，身体活动的常态性是体育教学最显著的特点。

6. 身心练习的统一性

身体健康与心理健康密切相关。在体育概念中，不仅有"生理负荷"，还有"心理负荷"。在体育教学中，不仅要关注学生对于运动技能的掌握与否，还应充分关注学生的心理健康。只有让学生拥有一颗健康的心灵，才能让其体会到体育运动的乐趣，促进其对运动技能的掌握，增强其身体素质。

体育教学重视对学生的身体改造，在体育教学过程中，体育教师对学生的身心健康极为注重，在体育运动技能的传授过程中注重身心练习的统一。

体育教学，教师只有做好以下工作，学生身心统一才能落实：

第一，体育教学内容的选择要注重身心统一。教师只有合理选择教学内容，才能让学生在学习知识的同时不忽略心理健康发展，教师在选择教材时不仅要满足本阶段学生生理、心理特点，还要尽量满足其他方面的要求。

第二，体育教学中运动负荷安排应注重身心统一。体育教学主要由体育实践构成，大量的体育实践在导致学生的生理负荷超载的同时也会使心理负荷到达顶峰。过于沉重的心理负荷不利于学生的健康发展，但适度的心理负荷能够磨炼学生的意志，有利于坚韧性格的形成。

第三，体育教学方法的选用要注重身心统一。体育教师在教学方法的选择上具有很大的自由度，但为了将体育教学中身心练习的统一性这一特点最大限度地表现出来，体育教师应结合实际，选择最适合学生的教学方法，这样也有利于学生的身心健康发展。

7. 教学内容的情感性

学生通过学习种类丰富的体育教学内容，将会更深刻地体会到体育运动中所蕴含的丰富情感。

体育教学中，学生丰富的情感体验主要表现如下：

第一，师生在体育教学的过程中可以体会到体育带来的人体美、运动美。学生可以通过系统地掌握体育运动技能健身塑形，还可以在进行体育锻炼的过程中展现出自身的动态美。

第二，学生可以通过体育锻炼学会怎样欣赏美，培养自己的审美能力。

第三，学生能够通过体育教学体会到体育运动的魅力，把握运动精神，掌握运动精髓。

第四，体育教学旨在使学生的身心均衡发展，学生可以在体育锻炼中陶冶情操、调整心态。

第五，体育教学有利于学生丰富精神世界、提高社会适应能力。

8. 教学条件的制约性

由于体育运动教学环境开放、教学过程直观、人际关系较复杂，体育教学会受到很多客观因素的制约。教学质量的好坏与这些制约因素密切相关。

第一，学生作为体育教学的主体，对体育教学有着一定影响。由于学生的身体素质不同，学校在选择体育教材时应该注重学生的个体差异，因材施教，在不降低教学效果的情况下实现教学目标。

第二，由于学校体育教学环境较开放，教学质量受教学环境的影响较大，好的教学环境能够提升教学质量，使教学计划如期进行，不然会影响教学进度，不利于教学课程目标的实现。

总之,体育教学的各种特性决定了体育教学具有局限性。为降低制约因素的影响力,教育行政部门、学校和体育教师应该共同努力,结合本地区实际情况制订教学计划。

二、体育教学的原则

(一)学生主体性原则

树立体育学习的主体地位、以学生主体的需要为依据体现了学校体育教学的原则之一——学生主体性原则。该原则要求学生主体应尽可能自主、自动地在教师的有效指导下积极主动地参与教学活动。近年来,一直提倡的素质教育要求学生发扬自身的主体性和主动性,学校体育教学的学生主体性原则很好地践行了这一要求。本原则要求教师要尊重学生的主体地位,体现学生的主体精神,应注重在教学中发挥学生的活跃性、积极性和思维创造性,培养有个性、有水平、有前途的学生。为更好地实现教学目标,更快地培养学生对体育锻炼的兴趣,教师应在实践中让学生自觉主动地学习与掌握运动技能。

师生在体育教学过程中形成正确观念是学生主体性原则的必然要求。学生是一切教学活动的主体。在体育教学中,教师应该正确认识到学生的主体地位,即教师在教学活动中的一切行为都是在为学生服务,要将"学生围着老师转"的观念转变为"老师围着学生转"。教师作为学生的引路人,在教学活动中应该引导学生发现并积极解决问题。教师在教学设计过程中,应将学生的学、练、问作为侧重点,还要认识到不同学生之间存在的个体差异,要因材施教。

(二)全面发展原则

全面发展原则要求学校在对学生进行体育教学时,要坚持以全面发展为基础,选择和安排能够使学生身体各个部位、器官、系统的机能,各种身体素质和技术能力都得到全面发展的全面、多样的教材内容。对学生身体的全面发展原则有三个要求,具体如下:

第一,现代学校体育教学价值观念是评价教学质量高低的指标和依据,只有将这些价值观念彻底落实到体育教学中,才能使学生身心全面健康发展。

第二,教师要保证在教学设计中有关于学生身心健康发展的内容。

第三,教师在进行阶段性的教学任务、教学内容和教学形式规划时也要注意对学生体质的培养，促进学生身心全面发展。

（三）因材施教原则

学生在生长环境、教育背景等方面存在差异，因此，在学习过程中会体现出不同的心理特点和个性差异。因材施教有两个大方向，即集体教学和个别指导。体育教师在教学过程中不仅要对所有学生提出统一要求，还要在提出统一要求后对个别学生单独进行辅导，使每个学生都能在体育课程中发挥优势，这样也有利于学生自信心的增强和对学生体育兴趣的培养。

正是因为学校体育教学应该符合不同年龄阶段学生的身心发展特点，所以不能在学校体育教学中对所有学生都使用同一个标准，这样不利于学生的身心健康。考虑到这一点，因材施教原则就这样应运而生。

1. 充分了解学生的个体情况

因材施教要求体育教师在了解学生的个体差异的基础上设计教学活动，设计出的教学活动也应该体现出对于不同特点学生的对待方法。教学环境也是体育教师在落实因材施教原则时必须要考虑的事情。总之，充分了解学生的个体情况、谨慎选择教学环境是实现因材施教原则的必由之路。

2. 引导学生正确看待个体差异

有些学生的攀比心较强，在学习过程中很容易因为"我强他弱"或"人强我弱"的情况影响学习进度，因此学校在进行体育教学时必须要引导学生正确看待个体差异，这也是学校教育中将因材施教原则落实到位的表现之一。在引导学生正确看待个体差异的同时，教师也应该在教学过程中摆正自己的心态，不能因为学生在某个体育项目上动作不达标就对学生冷语相向，这样会加大学生的自卑情绪，降低其对体育学习的兴趣。

3. 总体把握，全面兼顾

体育教师应该把促使所有学生得到提高和发展作为学校体育教学的方向。以大部分学生经过努力后能够实现的体育教学计划、教学目标和要求作为制订标准，这就要求教学目标不能过高也不能过低。在保证大部分学生都能按照教学目标完成任务的同时，还要兼顾两头。所谓兼顾两头，就是要用不同的标准对待个别身体素质好和个别身体素质差的学生，让他们在教师统一要求的前提下，继续学习更深入的体育知识或巩固学过的知识。

4. 因材施教与统一要求相结合

因材施教原则要求与统一要求相结合。因材施教是面向全体学生而言的，而统一要求是针对大多数的学生；因材施教是因个体差异不同而为其专门制订一套教学方案，是主观标准，而统一要求是客观标准；因材施教与学习自觉性有关，而统一要求则是学籍管理的结果。但无论如何，因材施教与统一要求作为体育教育的目标和手段，二者就如车之两轮、鸟之两翼，相辅相成，不可偏废。[①]

（四）终身体育原则

终身体育原则是指将终身体育目标与体育教学目标的确立、对教学内容的安排、选用的教学方法和怎样实施教学评价相结合，以此为原则对学生展开体育教学。《全民健身计划纲要》指出：要提高整体国民的身体素质，就要将青少年的体育教育工作作为全民健身的重中之重，将学校、家庭和社区有效衔接，进一步推动"全民健身计划"。体育教师不能只着眼于教学课程目标的实现，应将培养学生终身体育意识、使学生养成终身体育锻炼的习惯作为体育教育的最终目的，这也是《体育健康课程标准》中多次涉及的内容。具体来说，终身体育原则的要求有以下两点：

1. 短期效益与长期效益相结合

短期效益是指学校对学生进行的该教育阶段内的体育教学活动所取得的成效；长期效益是指学校既要在本教育阶段内培养学生的学习兴趣，又要放眼于学生在毕业后进入下一学习阶段、进入社会后的体育教育成果，致力于为学生终身体育锻炼打下基础。

2. 突出教会学生学习体育的方法

俗话说，授人以鱼不如授人以渔。学生在学校学习的时间终究是一个短暂的过程，在有限的时间里，教师不能将所有体育运动的知识与技能都传授给学生。随着时代的发展，总会出现一些新兴的体育运动，学生也可能对这些体育运动产生一定的兴趣，但体育教师不可能一直陪伴在学生身边。因此，在学生进行体育学习的过程中，教师教学的目的就是要教会学生如何学习一种新的体育种类与项目，传授学习体育项目的方法。

（五）循序渐进原则

循序渐进原则是体育教师在体育教学过程中一定要遵循的原则，也就是引导学生由不会到会、由浅入深、由生涩到熟练的逐步深化、逐步发展的过程。只有这样才能使学生将运动知识与技能掌握得又快、又好、又牢固，教师的教学质量

---

① 毛振明. 体育教学论[M]. 北京：高等教育出版社. 2005.

也会有一定程度的提高。遵循循序渐进原则要求体育教师做到以下两点要求：

1. 教学计划要科学合理

教学工作计划文件由科学合理的教学计划组成。科学合理的教学计划是一切教学工作的基础。教学计划的合理制订为教学工作的展开提供了保障。学校与教师在制订教学计划时，要以体育教学的原则为依据。教师应在项目安排上也遵循循序渐进的原则，以保证教学内容之间具有衔接性。在安排教学内容时也应承前启后，考虑前一项内容与后一项内容之间的关系，还应适当考虑运动项目的客观发展规律。

2. 提高学生生理负荷与提高教师自身素养并行

在体育教学中，循序渐进原则还体现在教师对学生的训练量与训练强度的安排上。由于机体对于某种生理负荷需要经过一段时间才会完全适应，教师在教学过程中要逐渐地、有节奏地逐步提高学生的生理负荷，而不能一上来就挑战学生的生理负荷极限。这就要求体育教师要不断提高自身的文化素养，同时也要对教材内容有一个系统的了解，根据整个学期的体育教学内容与学生身心发展的一般规律及特点，有节奏地交替进行不同负荷的体育课程。如本次课的生理负荷应安排在前次课后的超量恢复水平上。

（六）巩固提高原则

体育教师要与学生勤沟通，在教授给学生运动技能后要督促学生及时复习巩固，让学生不至于边学边忘，有效地沟通有利于提高学生的技术水平。人的记忆力水平有限，根据科学研究表明，利用艾宾浩斯记忆曲线对知识进行系统复习有利于知识的掌握。学生可以利用艾宾浩斯记忆曲线将自己所学的运动技能勤加练习，以此来达到掌握运动技能的目的。

巩固提高原则要求我们做到以下四点：

第一，在体育教学过程中，既可以以教师为主导，为学生讲解、示范技能要点，又可以以学生为主导，让学生以游戏或竞赛的方式学习体育知识，练习运动技能。

第二，学生可以通过反复训练对已学到的运动技能形成肌肉记忆，肌肉记忆的形成在一定程度上也对学生运动水平的提升具有推动作用。

第三，要将课内课外结合起来，不能只注重课上的学习而忽略了课下的练习。这就要求体育教师要给学生布置课外体育作业，并向学生强调课外体育技能练习的重要性与必要性，以此来达到巩固提高的目的。

第四，要想不断培养学生对于体育运动的兴趣与进取动机，就要在学生达到当前目标后适时提出新的目标，一步步引导学生对于体育运动的征服欲与成就感，以此来达到巩固提高体育技能的目的。

（七）合理安排负荷原则

体育教学中的"负荷"概念包括生理负荷和心理负荷。教师要根据不同年龄段学生的身心特点合理安排体育课程中的生理负荷与心理负荷。合理安排生理负荷和心理负荷，有利于学生的身心健康发展。学校体育教学的本质特点——身体活动性在合理安排负荷原则中也有所体现。学生的身体活动量要与体育教学目标和内容相适应，要适应自身的身体发展。负荷过大不仅不利于学生增强体质、培养体育锻炼习惯，还会造成运动疲劳甚至身体疾病，严重打击学生进行体育锻炼的信心；而负荷过小则难以发挥出体育运动应有的作用、达不到体育运动应有的目的，不利于学生体育素质与身体素质的提高。合理安排负荷原则的要求主要有以下四个方面：

1. 符合学校体育教学目标

符合学校体育教学目标的负荷量就是合理负荷，有利于学生对于体育技能的掌握和自身体育锻炼。教师要平衡把握教学目标与运动负荷之间的关系，不能顾此失彼。

2. 合理安排休息方式、休息时间与心理负荷

休息方式、休息时间和心理负荷的合理安排有利于理想体育锻炼效果的达成，教师在安排学生在课堂上需要承担的心理负荷时，要将其与教学进程有机统一，心理负荷大时，生理负荷的安排要相对减弱；心理负荷小时，可以适当加强生理负荷。注意生理负荷与心理负荷的平衡，使教学效果达到理想状态。

3. 合理安排运动量

体育教师要根据不同学生的身体状况与心理体验，合理安排学生在体育课堂上的运动量，既要有统一要求，又要有区别对待，这样有利于体育教学目标的实现。

4. 提高学生自我控制运动量的能力与自主运动的能力

体育教师不能一味地进行"填鸭式"教育，在对体育课程中生理负荷与心理负荷合理把握的基础上，还要将自己处理生理负荷、心理负荷过大的方法、经验等传授给学生，使学生能够自行判断课程中生理负荷与心理负荷对自己的影响，及时根据自身能力做出相应的调整，尽快掌握科学的体育锻炼方法。

（八）培养运动兴趣原则

运动兴趣是指人们正在从事的体育运动对自己有吸引力，想要将体育运动一直持续下去的心理倾向。在学校体育教学中，"培养学生的运动兴趣"是第一步，只有将学生对于体育运动的积极性调动起来，才能达到更理想的教学效果，也为学生进行终身体育锻炼埋下希望的种子。人们参与体育运动主要是为了体验体育运动给自己带来的运动乐趣，因此，如果要培养学生的运动兴趣，只需要让学生能够在体育运动中体验到体育项目的乐趣即可。

如今，学生的学习压力较大，在学习结束后，即使已经夜深，也还是不愿意马上进入睡眠状态，再加上饮食不规律，很容易出现精神及心理问题。体育锻炼是预防心理问题的有效手段，培养学生的运动兴趣、养成体育锻炼的习惯，在很大程度上能够预防学生心理问题的发生。

体育教师在培养学生运动兴趣的过程中，应站在学生的角度理解教材，让学生体验到成功进行体育锻炼的感觉，同时体育教师也要不断丰富自己的教学方法。

1. 站在学生的角度理解教材

由于体育教师在体育专业知识上了解得较深刻，体育教师与学生在看待教材时，体育教师对教材的把握往往更全面。但为了培养学生的运动兴趣，教师应该将视角转变一下，不应仅仅用教师的眼光看待教材与技能练习，而是应该站在学生的角度上，帮助学生发现问题、解决问题。

2. 努力让学生体验到成功的感觉

各种各样的因素导致人们形成了不同的身体条件，身体条件好的人，运动水平普遍偏高，而身体条件较差的人就不如身体条件好的人运动水平高，具有个体差异性。身体条件较差的人在进行体育锻炼时更容易产生挫败感，从而丧失运动兴趣。为了培养这部分人的运动兴趣，体育教师应当适当修改教学内容，以此来增强学生对于体育运动的掌控力，提升自信心与活力。

3. 不断丰富教学方法

体育教师只有不断丰富体育教学方法，才能持续不断地吸引学生的注意力，使学生始终保持高昂的学习兴趣。

（九）提高运动技能原则

终身体育要求学生应该不断提高运动技能，而学生提高运动技能需要教师提高教学质量并在科学指导下进行体育教学，具体方法如下：

1. 正确认识运动技能

想要使学生提高自己的运动技能,应该为学生正确认识运动技能创造条件。体育教学目标需要学生掌握运动技能,在学生进行身体锻炼、提高自身身体素质的过程中,运动技能的掌握都是不可或缺的关键点。教师在教学设计时要将学生运动技能的掌握与提高放到突出位置,使学生在教师的带领下更好、更快地将运动技能牢固掌握。

2. 明确运动技能学习的目的

明确运动技能学习的目的对于学生提高运动技能有很大的推动作用。学生进行体育锻炼的目的主要是为了强健体魄,以及从体育锻炼中寻找乐趣。那么在学校体育教育中,学生只需要能够认识到"健康第一"和"终身体育"的精神,坚持运用自己掌握的体育运动技能指导的课余体育锻炼,运动技能学习的目的也就达到了。

3. 提高运动环境和条件

使学生掌握运动技能,首先要让学生拥有较好的学习技能的条件,这里的条件包括对教师运动及教学技能水平的要求、对教学场地、教具及教学环境的要求和学生间的交流评价等。

第四节 现代体育教学理念的发展

一、我国高校体育教学思想的演变

在中华人民共和国成立初期、改革开放初期、深化教育改革阶段和现阶段,我国的体育教学思想都有着不同的内涵。

(一)中华人民共和国成立初期的体育教学思想

20世纪中叶,我国学校体育教育的基本目标是培养身强体壮的社会主义建设者。这一时期的体育教育思想及教学内容等方面都充分符合当时社会的发展条件及学校教育状况,具有非常鲜明的时代性。

竞技体育思想在很早之前就已经发展成了重要的教育内容,其涉及的教育阶段很广,小学、中学和业余体校都将这种思想纳入了体育教育。高校体育教学对中学体育教学的思想与内容进行了延续,竞技体育的特色也被保留下来。在许多情况下,"体育"在民众心中就代表了"竞技体育"。由此可知,竞技体育在我国国民心中具有很高的地位。现如今，我国体育教育持续蓬勃发展，竞技体育在提高我国国际影响力方面具有很强的推动作用，我国正逐步发展成为一个体育大国。现阶段，竞技体育为我国最终实现体育强国的目标而持续奋斗。

（二）改革开放初期体质健康思想的确立

改革开放后，国家教育行政部门颁布的《学校体育卫生工作暂行规定》提到，要注重体育教育在学校教育中发挥的重要作用。

学校体育发展迎来了新机遇。以增强学生体质为主要目标的学校体育教学思想在1983年召开的"全国学校体育卫生工作"会议上被正式确立。我国教育体制改革在1985年的《中共中央关于教育体制改革的决定》被正式提出，这项政策的出台有利于提高我国国民身体素质，为我国培养体育人才。

随着文件的下发与改革措施的细致化，我国体育教学目标与时俱进，添加了要注重学生心理健康建设、提高学生心理素质的内容。

（三）深化改革阶段素质教育指导思想的形成

改革开放初期的学校体育教育改革发展迅速，增加了多种模式。随着改革深度不断增加，素质教育的广泛推行也在极大程度上丰富了体育教学体系的内容。

全面推行素质教育符合我国"德、智、体、美全面发展"的教育方针，体育教育得益于素质教育的持续深入推行，在学校教育体系中的地位逐渐重要起来。

（四）现代"终身体育""健康第一"指导思想的形成

由于我国大学生体质健康状况令人担忧，我国的高等学校教育改革针对这种情况，对"健康第一"的教学指导思想达成了一致意见。例如，教育部制定了用来准确检测和评价学生体质健康的《学生体质健康标准》（以下简称《标准》），旨在积极发展学生的体质水平。除此之外，《标准》也在很大程度上影响着素质教育的推进和开展。如今，我国已经确立了"终身体育""健康第一"的现代体育教学思想，并将这种思想逐步发展成为高校体育教学工作的核心纲领。

二、现代体育教学的三大主流思想

（一）"健康第一"教学思想

1. "健康第一"教学思想的提出

20世纪中叶，毛泽东提出了学校体育教学的指导思想——"健康第一"。当时，学生的学习压力大，健康状况急转直下。对青少年学生的身体健康极为重视的党中央立即明确，作为与国民素质教育、国民体质教育并重的青少年儿童健康教育是国家体育发展中的重要问题，各地方及学校必须重视起来。

20世纪90年代初国家又再次提出了"健康第一"的体育思想，此时，"健康第一"已经发生了演变，成为了一种多样化与复合型的新型体育思想，其中包含对"素质教育"的诉求，强调体育教学的"以学生为本"理念，与20世纪50年代的体育教学思想在本质上截然不同。[1]

2006年，中华人民共和国教育部和中华人民共和国国家体育总局共同发布了《关于进一步加强学校体育工作切实提高学生健康素质的意见》，教育部、国家体育总局和共青团中央也颁布了《关于开展全国亿万学生阳光体育运动的决定》。这两个文件的共同点是——对学生在体育教学中能否全面发展的问题极为重视。

我国现阶段体育教学思想"健身育人"是以"健康第一"为基础而制订的。"健身"即指在体育实践中落实"健康第一"；"育人"则是用体育理论课的方式体现体育教育的本质。[2]

2. "健康第一"教学思想的依据

（1）健康教学思想符合世界发展潮流

20世纪40年代末期，世界卫生组织提出现代健康新理念，围绕身体、心理和社会三个方面将健康重新定义。世界卫生组织表示，人类的健康状态是指没有生理、机体疾病并拥有良好的社会适应力。自此，世界各地健康教育的开展进入积极状态，并表现出良好势头。

我国根据世界卫生组织对健康的定义，提出了"健康第一"的体育教学思想。20世纪末期，我国教育部和卫生部首次联合颁发了《学校卫生工作条例》（以下简称《条例》）。《条例》中指出，健康教育将会以法律文件的形式正式加入学校教学计划。《条例》更加关注学生的生理健康与心理健康，还为体育与健康教育的创新发展提供了途径。第三次全国教育工作会议明确指出，青少年为祖国、为人民服务的基本前提是拥有良好的身体素质。

现如今，我国对各教育阶段的体育课程极为重视，要求有关部门密切分析学生身心健康与世界体育教学的发展走向是否吻合。无论是中小学基础教育阶段还是高等学校教育的体育教育工作都要严格遵循"健康第一"教学思想的指导作用。

---

[1] 陈玉忠.关于我国青少年体质健康问题的若干社会学思考[J].中国体育科技，2007.11（6）：83-90.
[2] 辛利，刘娟.对学校体育"健康第一"指导思想的思考[J].体育学刊.2013，20（5）：8-11.

（2）健康教学思想适应了社会发展的需求

现阶段，社会大力培养和发展人才，先进的思想使人们更深刻地认识到健康教育的重要性，"健康第一"也受到越来越多的人的密切关注。

一方面，当今社会的持续进步在为人们提供便利的同时，对人们的日常生活也产生了潜移默化的影响。如今的人们正遭受着"文明病"对身体健康的侵害。由于人们的体力劳动逐年减少、饮食质量逐年提高，许多群体的体力活动都在持续缩减，身体技能呈现出不断衰退的趋势，学生这一群体也不例外。另外，许多人身上出现的现代文明病都是由于摄入了过多的动物脂肪、高蛋白、糖类等食物。在一项社会调查中显示，我国学生的身体素质较差，这对于一个人口老龄化趋势逐渐加大的发展中国家来说是一个很严峻的挑战。要想改变这一现状，国家及地方有关部门就要提高对学生身心健康和体育卫生的关注度，将学校体育教学摆在突出位置。众多实践结果表明，学生主动参与体育健身活动有以下四个优点：强身健体，抵御疾病，发展智力，为国家建设高质量人才提供保障。

另一方面，由于社会科学技术不断进步，各国综合实力的竞争日趋激烈，究其根本，综合实力的竞争其实是专门人才的竞争与劳动者素质的竞争，这种竞争局面对我国既是机遇，也是挑战。我国必须要培养出一大批优秀的、具有正确政治思想的、拥有稳固科学知识基础及运用能力的和拥有良好身体素质的人才来取得在国家综合实力竞争中的优势。

学校要想贯彻落实"健康第一"的教育思想，就要密切关注学生的生理、心理健康状况。对生理、心理健康状况的密切关注有利于促进学生的健康发展。

3. "健康第一"教学思想在体育教学中的应用

贯彻落实"健康第一"指导思想，是对当今中国教育工作者在体育教学中的必然要求。"健康第一"指导思想致力于使学生拥有强健的体魄，在健康的基础上进行终身体育教育。我们应该通过以下四个方面贯彻落实"健康第一"教学思想：

（1）提高体育教师的综合素质

随着时代的发展，现代体育教育也在与时俱进。因此，除了要求教师要有较高的科研水平外，教师的教学模式也应该在之前的基础上发展创新。

第一，体育教师不应该只将自己的知识局限于体育专业，对于其他有利于体育教学开展方面的知识也应该有所涉猎，终身学习，不断提高自身知识水平与文化素养。

第二，由于社会在不断发展变化，体育教师应树立终身学习的思想，应与任课教师、学生、家长等有关人员加以合作，以产生协调效应。

第三，体育教师要不断提高自己的教学能力，积累教学经验，逐步向科研型教师转变。

第四，体育教师还应该培养教师监控教学能力，教师监控教学的能力也是体育教学中的核心要素。

（2）在体育教育中加强体育、卫生、美育的有机结合

身体健康与卫生保健密切相关，因此，学生一定要在保证摄入身体所必需的营养且养成讲究卫生的良好习惯的基础上参与体育活动和体育锻炼。为保证学校体育教学质量，学校应当高效地向学生传授与营养和卫生保健相关的知识，适当增强对学生的营养指导。

广泛开展群众性体育活动有利于建设丰富多彩的校园文化。现代教学提倡美育，注重对学生精神方面的培养，使学生在体育中体会到美。

学校要积极开展健康教育，重点把握学生青春期教育和心理健康教育的大方向，高度重视多元体育教育。

（3）培养学生的健康意识和行为

教师在培养学生的健康意识时，只讲理论不利于学生理解抽象的健康知识，只有将理论与实践结合起来，才能让学生更好地形成健康意识，做出有利于自身健康的行为。学校只有落实了以下五点，才能使学生从根本上培养健康意识：

第一，在制订适合学生发展的体育教材和组织学生参加体育运动锻炼时，应结合学生的具体实际情况。

第二，在体育课堂上应遵循适量原则，不宜矫枉过正。

第三，体育教师应在体育课外活动中加大指导力度。

第四，在学校开展多项体育运动比赛项目，提高学生对体育锻炼的兴趣。

第五，在重视学生体育教育的同时也要对学生其他方面的能力进行培养，使学生能够全面发展。

（4）不断提高学生参与体育的能力

为使学生大幅提升运动水平，教师应积极向学生传授健康知识与锻炼手段，将开展体育运动项目与利用社会体育资源有机统一。体育教师要意识到关于健康的理论知识与具体为健康而实施的实践手段对学生来说都很重要，千万不能在教学过程中顾此失彼，这样很容易使学生欠缺对于健康的全面了解。

为了让学生更加科学地进行体育锻炼、更加客观地评价自身的实际情况与锻炼效果，就要让学生全面掌握健康知识与锻炼手段。

在现代体育教学中，学校在开展运动项目时重点考虑的内容只有场地器材、教师情况和学生情况，而极少考虑学生在步入社会后对所学项目有继续坚持条件的问题。

为了又好又快地达成"终身体育"的目标，学校体育教育应在学校内开设在校外容易找到练习机会的体育项目。参与者参与体育运动的重要媒介是各项运动项目，而学生对于锻炼的积极性在于能够掌握良好的运动技术，这对学生逐步形成良好运动习惯也有着莫大的帮助。因此，在体育运动教学中，教师要在培养学生广泛体育兴趣的同时坚持训练学生的运动技术，使学生一专多能；还要重视传授健康知识和健身方法，让学生能够独立自主地、科学地从事体育运动。

（二）"以人为本"教学思想

1. "以人为本"教学思想的内涵

我国在还未形成系统化理论体系时就已提出了"以人为本"的思想。民本思想形成于我国商周时期，那时，我国先辈们就曾提出了许多关于"以人为本"的思想理论，我国"以人为本"的教学思想就是由那时的理论发展演变而来。但随着时代的发展，我国现阶段"以人为本"的理念与我国古代传统的民本思想相比，在内涵上又有了很大发展。

在当今世界的体育教学中，"以人为本"显然已成为关键的教学思想。我国现阶段以马克思主义和与个体全面发展相关的理论为基础建立了"以人为本"思想，又将此思想与我国的实际情况密切联系，使教育价值取向得以科学完善。要想加紧落实我国科教兴国战略和实现我国民族的伟大复兴，在体育教学中贯彻和落实"以人为本"的教学思想就显得尤为重要。

2. "以人为本"教学思想的重要性

人们对人才是社会发展的核心要素这一理论在 21 世纪有了更加深刻的认识，持续加深学校教育的改革是在我国实施科教兴国战略的前提下进行的，目的是为了保证人与社会的全面发展。当前社会发展速度迅速，体育课程改革要求各级学校应积极贯彻落实科学发展观，坚持"以人为本"的教学思想。在新的时代背景下，为实现学校体育教育良性发展、青少年身心健康成长，必须贯彻落实"以人为本"的教育理念。

为加快落实教育体制改革，我国学校体育教学在思想观念上发生了很大转变。现代体育教学以终身体育理念为核心，指引科学发展体育学科建设，使得学生在学校体育教育中取得更好、更快的发展。

我国现代体育教学将"以人为本"的教育理念作为依托，深化科学发展观，坚定不移地实施科教兴国、人才强国战略，来满足中国日益增长的对于体育人才的需要。

3. "以人为本"教学思想在体育教学中的应用

当前，我国已实现第一个百年奋斗目标，正在为第二个百年目标奋力向前，在不断深化教育体制改革的今天，学校体育教育需要将科学发展观的理念和以人为本的思想充分体现在课堂教学中。同时，现阶段我国的体育教学暴露出许多不足之处，因此我国的体育教学还有许多问题亟待解决。解决问题的方法主要有两方面，即以学生为本、以教师为本。

（1）以学生为本

以独立生命个体形式存在的学生是学校体育教学的主体，教师在参与体育教学活动时首先应当树立以人为本的观念。以学生为本应当做到以下五点：

第一，丰富办学资源，建立一支高素质人才教师队伍，使学生的学习条件与教学环境对学生起到推动作用。

第二，提供充足的教育教学资源，以满足学生在发展过程中具备该教学阶段所应掌握的知识和技能。

第三，在教学中应当落实因材施教原则，充分考虑学生的身心发展特点，制订科学合理的教学内容，使用合适的教学方法。

第四，学校应就学校体育教学工作展开教育研究，与教师共同完成课程体系建设。

第五，学校要密切关注学生在学习上的困难，促进教师转变教学方式，调动学生对于体育学习的积极性和主动性。

如何使学生获得全面而又不失个性的发展，是现如今学校教育中应当思考重要的问题。学校应当树立为学生服务的观念，关注学生的利益，贯彻以人为本教育思想。

21世纪以来，中国的教育教学观念不断发展。在这样的背景下，我国学校体育教学坚持"健康第一"的教学指导思想，发展出了更科学、更合理的教学理念，学生在教学思想和教学理念的指导下，身心得到全面发展。我国各级各地区学校应在物质条件允许的范围内积极开展各项体育活动，保障学生身心健康发展。以学生为本，就是在以学生为教育主体的基础上进行体育课程教学，增强学生体育素质，培养学生终身体育锻炼意识。以学生为本主要体现在以下五个方面：

第一，尊重学生。教师在教学过程中应充分尊重学生，将学生的合理诉求放在首位，以此来推动教学活动顺利展开。教师要了解不同年龄阶段学生的身心发展特点，在具体教学活动中落实因材施教原则，使学生的个性在体育课堂上充分发挥。

第二，宽容学生。教师工作的根本目的是推动学生健康成长，教师对学生在学习中存在问题的密切关注是顺利达成此目的的重要途径。学生在体育教学过程中会体现出各种各样的差异，教师应当调节自己的心态，正确理解并正确对待学生的个体差异。但必须明确一点：体育课上不存在差生。

为真正贯彻落实以人为本的教育思想，教师在具体的教学工作中管理基础较差的学生时，必须付出更多的精力与耐心。要尽量减轻学生的思想负担，对他们的错误给予宽容理解，使其树立自信，以达到自觉改正错误、实现自我发展的目的。

第三，丰富教学形式。努力彰显学生的主体地位，推动学生成为学习的主人，促使学生将体育学习融入情感和行动中是现如今体育教学努力的目标。因此，体育教师应当科学组织体育教学，采取多元化教学形式，在现代化课堂教学中运用多种形式开展教学活动。能够彰显出在体育教学中贯彻"以人为本"理念的具体教学形式有群体训练、小组合作练习、个人自觉练习等，这些教学形式在激发学生内在需求、推动学生不断进步方面起到重要作用。

第四，科学评价学生。对学生的体育教学评价要全面，不能只重视某一方面的技能培养或体能训练，还要注重学生的全面发展。对学生的全面评价有利于教师根据评价结果调整课程教学方案，充分重视学生的个体差异性。在对学生进行教学评价时，既要对学生的体育锻炼情况如实、客观评价，也要注意评价方式的选用，对在某一方面技能不过关的学生采取鼓励式评价方式，有利于激发学生的学习动力。选用合理的评价方式是推动所有学生身心健康发展的重要手段。

第五，建构和谐师生关系。"以人为本"的教学思想要求教师要致力于对师生关系的和谐构建，以学生为本，就要充分尊重学生、爱护学生。对能力差的学生不应冷眼相待，对能力好的学生也不过分宠爱，正确对待学生之间的个体差异、正确把握师生间的相处模式，是每一个体育教师的必修课。

教师对待学生的方式不仅对学生的身心健康至关重要，而且对教学效果也有很大影响。为使体育教学拥有良好的教学效果，教师应该在教学过程中多采取鼓励式教育，以此来增强学生对于体育学习的信心，激发学生的积极主动性。

（2）以教师为本

学校培养学生和推动学生发展的实现手段是教师的"教学"，因此以教师为本也是在体育教学中需要贯彻落实的一项原则。为落实以教师为本的原则，学校需要做到以下三点：

首先，要调动教师的工作积极性，舒心的工作环境与友好的工作氛围是首要条件。在教学评价考核中应注重对教师工作的肯定，有利于进一步提高教师工作积极性。

其次，学校应时刻关注教师的发展情况，教师也要与时俱进，实现自我发展。在对体育教师进行管理时，应将人性化贯彻于各个环节，严禁将防范性与强制性摆在首位，促使教师积极履行个人义务、承担相应责任。

最后，学校应对教师充分尊重与信任，在制订规则时充分考虑教师的实际情况，避免给教师造成太大的心理压力。

（三）"终身体育"教学思想

1."终身体育"教学思想的概念

"终身体育"是终身教育的重要组成部分，是指人们终其一生都要进行体育锻炼、接受体育教育与指导。具体而言，人们为取得生存、生活、学习与运动的物质基础与条件，就要适应生存环境与生活需要，进行体育锻炼，这个过程将会从生命的开始一直持续到生命结束。人类自身和社会发展是促使"终身体育"思想形成的重要条件。

我们可以从以下四方面来理解"终身体育"：

第一，时间上。"终身体育"是指人们将会在一个完整的生命周期中持续进行体育锻炼。

第二，活动内容上。人们可以结合自身的兴趣来选择"终身体育"的运动项目。

第三，人员上。"终身体育"为中国人乃至全世界人类提供了科学的健身法则。

第四，教育上。"终身体育"作为实现富国强民的重要方式，有助于提升全体公民的整体素质。

"终身体育"主要是培养人们的体育意识，人们只有拥有了体育意识，才有可能形成"终身体育"的思想。"终身体育"是将体育锻炼贯穿于人的一生，它强调重视生命过程中不同阶段的体育锻炼。对个体而言，是个体在不同时期的体育锻炼，对社会而言，是全体国民的体育，二者的统一就是"终身体育"追求的最高目标。

随着时代的发展，现代体育教育越来越注重对"终身体育"思想的推广，"终身体育"已逐步发展为当今世界十分先进的体育教学思想。由于学校体育、社区体育以及家庭体育之间存在着相互联系与相互作用，它们共同组成了"终身体育"

思想，并对个体产生了影响。除此之外，"终身体育"还要求学校、家庭、社区要为使各类群体参与体育活动的机会得到明显提升而积极开展各类体育活动。

2. "终身体育"教学思想的特征

（1）终身性

"终身体育"的教学思想是当今世界上较为先进的教学思想。"终身体育"思想站在了传统体育教学的对立面，考虑了人类的发展特点，致力于在人的一生中贯彻体育锻炼，倡导人们积极参加体育锻炼。事实证明，终身参与体育锻炼，将"体育"作为一种习惯而非仅仅是一门课程会对人类的发展有莫大的帮助。

（2）全民性

全民性是终身体育锻炼的又一特点，"终身体育"涉及所有人。群众体育的进一步普及与发展，其实质是以"终身体育"为指导开展的全民健身运动，以此来实现广泛普及化。在新的时代背景下，生存发展是主流，任何一个人都需要掌握生存的技能，而只有学会学习、运动锻炼及保健，人们才能生存。

（3）实效性

体育运动能够对人类带来许多好处，促进人类的均衡发展、终身发展。

更好地适应个体发展与社会发展是"终身体育"的根本着眼点。广大群众往往会结合自身的情况选择最佳的体育方式来提升自身的生活水平，以达到有的放矢的状态，十分显著地表现出了针对性与实效性的特征。从整体来看，为推动学生实现均衡发展与终身发展，我们必须为终身体育锻炼设置明确的目标。

3. "终身体育"教学思想在体育教学中的应用

（1）培养学生的终身体育意识

"终身体育"教学思想在体育教学中的应用，最为注重的是通过体育锻炼引起学生的兴趣，并且培养学生在体育方面的爱好，使其拥有可以单独分析自身锻炼和综合运动的能力，养成锻炼身体的好习惯。同时，体育教学也在一定程度上追求运动技能和运动方面的熟练程度。为了进一步培养和提高学生在体育方面的意识，学校在开展"终身体育"教学中应该采取以下措施：

第一，重视体育兴趣引导。心理学研究表明，行为是人们在对某些事物认识的前提下，引发动机，对事物感兴趣的基础上产生的受思想支配表现出来的外在活动。教师在体育教学方面，应该引导学生正确的学习观念和态度，并且在制订体育目标的时候不能一概而论，要考虑到当时学生的具体情况，再制订出适合学生的体育目标，循序渐进，引起学生对体育锻炼的兴趣，保持学生体育锻炼的动力，充分调动学生对体育锻炼和卫生保健相关知识和技能方面学习的积极性。判断教师的教学成功与否，最关键的是看教学行为所产生的实际效果。因此，除了体育教师需要为学生制订合适的目标，还应该密切关注理论教学的实际效果，表现结果不好，则需慢慢改进，直到出现好的效果。在体育教学的过程中不断改进，逐渐加强学生对于终身锻炼的体育意识，成功实现体育的意义和价值。

第二，重视体育习惯培养。除了在学校使学生保持锻炼的好习惯外，体育教师还应该积极引导学生在校园外进行体育锻炼，因为这样不但可以拥有健康的体魄和心态，还可以促进全国人民健身的发展，实现"终身体育"的社会价值。

第三，重视体育素质培养。体育教师在体育教学的过程中，应该尽可能多地从学生角度考虑，为学生制订合适的并且可以一生受益的目标。体育教师在每一次的课程教学和所有学生的课外活动中，要把健身设为目标，并且有针对性地提出适当的要求。这就要求体育教师拥有丰富的知识储备，在每次备课的时候从素质、技能、知识等诸多方面的内容考虑，并且可以将这几方面的教学内容巧妙地融合在一起，慢慢地渗透其中，培养学生对终身体育锻炼的意识。

（2）重视学生自我发展与社会需要的结合

"终身体育"是使人能够在一生之中不同的年龄阶段、生活环境及工作的相关职业特点，选择不同形式且合适自身的体育锻炼方法和内容，通过多种形式的体育锻炼，达到强身健体的效果，使之终身受益。学校对学生进行体育教学是为了可以给学生提供一个参与体育锻炼的机会，正确引导学生进行体育锻炼，使其进入社会后可以较好地适应。可以看出，除了要在学校促使学生体育发展，"终身体育"还要使学生以后的发展可以满足社会的发展需求，基于以上需求，在进行体育教育的时候需要综合考虑，满足学生当前及以后长远的发展。

学校在进行体育教学的时候，除了促使学生终身体育发展，还应该满足社会方面的相关需求，并且使这两方面进行完美结合，这就需要重点从以下六个方面入手：

第一，明确学生需求与社会需求的彼此地位。只有对这两者之间的地位进行明确定位，才能处理好学校体育发展和社会需要适配性的核心问题。

第二，明确学生需求和社会需求之间的关系。学校体育文化是社会亚文化的一种独特现象，学生需求是促进学校体育文化发展的重要动力。社会需求是社会体育事业发展的外在物质和社会基础的要求。

第三，学校在进行体育教学的时候，应该将学生作为体育锻炼的主体。通过学校各个方面的努力，使学生在学习需求和发展需求这两个方面都能够得到满足。

第四，在学生需求和社会需求的发展过程中，会存在各种各样的矛盾和问题，要学会对其发展过程中的矛盾和问题进行巧妙的处理。虽然社会需求和主题需求的最终目标是相同的，但是在发展过程中还是有不同之处。随着社会的快速发展，用人单位除了对专业技能有要求外，还要求有强健的体魄作为工作的强力支撑。学生的终身体育发展是为社会在人才各个方面的需求打下了坚实的素质基础。学校在进行体育教学的时候不应该仅仅将社会需求发展作为服务对象，应该从"以人为本""健康第一"等多个角度考虑，综合发展。

第五，学校在进行体育教学的时候，需要重视和培养学生对体育基础理论知识内容的掌握，积极引导学生掌握正确科学的体育锻炼方式。

第六，学校在对学生进行体育教学的时候应该从各个不同的角度调查和研究，如生理、心理思想意识等。将社会需求作为基础，以"是否符合社会发展需求"为衡量标准，判断学校体育教学是否合理和成功。

（3）拓展和丰富体育教学内容

通过对现今我国学校体育改革目标的具体分析，可以知道学校体育改革的定位，学生可以在上学期间努力学习和了解最基础的体育知识与技能，在以后的发展过程中有能力进行自觉单独的身体锻炼，接受体育教育，与终身体育保持紧密的联系。学校体育是教育的重要组成部分，现今主要任务是努力培养学生在"终身体育"方面的相关概念，因此体育老师在丰富课程内容教学方面应该从多个角度考虑，适时地增加一些多元化的教学内容，可以从以下六个工作方面入手：

第一，在体育教学的过程中应该从学生角度去考虑，开展一些学生喜欢且便于接受的体育项目。

第二，在体育教学的过程中可以组织一些运动比赛，培养学生的集体荣誉感和勇于拼搏的精神，如篮球比赛、健美操比赛等。

第三，为了丰富校园体育文化生活，在体育教学的过程中可以增加一些耐力跑等锻炼方式，增强学生体育锻炼的同时增强身体素质。需要注意的是耐力跑锻炼方式不应该一成不变，要结合季节的特征做出相应的调整。

第四，引导学生积极关注体育方面的新闻动态，向学生传授一些关于体育竞技方面的规则与和裁判相关最基础的知识。同时，具体详细地向学生解说一些大型体育赛事的技巧，引起学生的兴趣和关注。

第五，在体育教学的过程中，为了可以更加全面的培养学生自我组织能力和参与体育锻炼的相关意识，支持和引导学生自行组织某些方面的运动比赛。

第六，传统体育教学模式已经无法满足现今学生的体育活动需求，采用体育课内外结合的方式，对"终身体育"思想的发展具有非常重要的意义。因此，高校开设体育选修课，给学生充分的选择权，选择自己感兴趣的体育项目学习，充分发挥体育特长，提高大学生的体育意识、知识和技能，养成较好的体育锻炼习惯，为终身体育习惯奠定基础。

（4）不断提升教师的综合素质水平

教学是整个教育教学的"核心"，同时也是教师最基础和核心的本职工作。因此，教师对体育教学工作进行的好坏起着十分重要的作用，教师教学能力对于体育教学有着举足轻重的影响。体育教学应该从多角度考虑，利用多种不同的方式努力提升教学方面的能力，使教育教学质量可以较大幅的提升。

第一，为了将学生培养成适应社会发展的全新型人才，教师应该努力建立重视体育教学的相关思想和意识，在对学生进行体育教学的过程中将其建立的思想和意识贯彻和落实。百年大计，教育为本，人民接受教育程度和文化水平的高低，直接关系到了民族的兴盛衰亡，健康的人才是国家未来发展需要的人才。因此，体育教师在进行体育教学的过程中要时刻考虑怎样才能将学生培养成全面发展的新型人才。

第二，体育教师在进行体育教学的过程中，难免会有一些突发情况，并且这些突发情况在体育课程中也时有发生。针对突发情况，体育教师可以采用灵活的教学方法，对教学课程进行适当的调整来应对突发情况。体育教学课程中为了应对突发情况，会有相应的方案，但是体育教师不应该生硬地、机械地搬用方案，应该从多个角度来考虑体育课程的实施方案。因此，体育教师在对学生体育教学的过程中，应该结合实际情况对提前设计好的体育课程进行合理的调整，使得学生在体育学习和锻炼方面充分发挥出作用。

第三，时代在变化，体育教师也应该随着时代的变化做出相应的改变，努力适应时代发展的实际需求，在对学生进行体育教学的过程中紧随时代的步伐，进行自我更新优化，建立全新的体育教育概念。在开展各项体育教学活动中，应该选择具有创新性并且切实可行的体育教学手段，激发学生主动参与体育锻炼的热情，培养学生对各种不同体育运动的兴趣，使得学生在参与体育锻炼的过程中形成较好的习惯。

第二章 现代体育多元教学的理论概述

体育教学是一个复杂的体系，由多种因素组成。体育教学包含很多元素，随着时代的发展，学校开展多元化体育教学是体育教育发展的一个非常关键的方向。体育教育是我国素质教育中的重要组成部分，多元化体育教学的理论研究是进行体育教育教学实践的重要基础，对体育教师顺利开展教学活动具有重要意义，同时对于我国体育教育教学发展有非常重要的促进作用。因此，本章节对现代体育多元化教学理论问题主要从四个方面进行研究，分别为现代体育多元教学的基本内涵、理论价值、设计创新和技术发展。

第一节 现代体育多元教学的基本内涵

一、多元教学理论概述

（一）多元教学理论的产生

世界著名发展和认知心理学家加德纳，是多元智能理论的创始人，并且该理论从20世纪60年代的中期在世界的国际教育新理念中流行起来。多元化智能理论展现出非常独特的个性化教育理念，包含了多种不同的观念，如学生与学生之间的观念是不同的，尊重不同学生的观念；教师备课方式各种各样，多样化的教学观念和个性化的课程观念，情景化的评价观念。可以看出，该理论的深入学习和研究对我国现阶段学生的个性化培养具有不可替代的作用，同时对于我国现阶段教育教学体制的顺利开展和实施具有非常重要的意义。

加德纳依据以前的传统智能理论，指出了虽然人类自身有很多种智能，但是个体的智能不是以整体的方式存在的，而是以相对独立的方式存在的。以前的智能理论相对现在的智能理论并不完善，只是强调了一部分，仅仅是对数理逻辑和个体语言能力的强调，没有展现出个体通过知识的方式解决问题的能力。因此，在实际的生活中，人类智能的创造性和多元性并不能被以前的传统智能理论所概括，加德纳在以前传统智能理论的基础上，结合实际生活中的人类智能，重新定义了智能理论。人类智能随着时代的发展，可以在各种不相同文化或者某种特定社会环境的标准下，人类自身遇到某种问题或者创造出有价值的产品，均有个体解决的能力。随着加德纳对智能理论的深入研究，在已有的理论研究基础上提出了人类智能在基本结构上不是单一的，而是多元化的，每人最少有八种基本智能，并且八种基本智能是不同的，每个人所展现的形式各不相同，通过对智能理论的进一步探究。每个人所拥有的智能各不相同，以相对独立的状态将所拥有的智能结合在一起，形成智能组合模式。因每个人拥有的基本智能不同，所以组成的智能组合模式也各不相同。

（二）多元教学理论的特征

1. 每个个体的智能都是独特的，都有各自的特点

通过对多元智能理论的深入研究，加德纳指出"八种智能"是每个人都拥有的，并且各种智力不是以整合的方式存在的，而是相对独立的，各自有着不同的发展规律并使用不同的符号系统。在体育教育教学活动当中，体育教师将学生的各种智能充分、合理地运用在体育实践当中，充分发挥学生的技巧和能力。"八种智能"以不同的方式和程度组合在不同的人身上，就会有不同的智能组合模式。

2. 智能的发展，受环境和教育的影响和制约

从多元智能理论的角度分析，人不能完全脱离社会而独立存在，因此人在成长过程中会受到社会环境的制约和影响，智能在这一过程中与人不断接触，从而也会受到人文环境的制约和影响，同时在受教育的过程中，也会受到教育环境的制约和影响。人在不同的社会环境、人文环境和教育环境当中，对日后的成长、发展方向和程度均会产生不同的结果，并具有很大的影响。

3. 多元智能理论强调不能单一地看待智能，要多维地看待智能问题

加德纳认为智能并不是仅仅由一种或两种基本核心组合而成的，而是由八种不同的能力多维度组合而成的，分别包括"言语——语言智力""数理——逻辑智力""视觉空间智能""身体动觉智能""音乐节奏智能""交往交流智能""自觉自省智能""自然观察智能"。多元理论的本质并不是以整合的方式展现出来的，而是通过相对独立的方式展现出来。他认为每个人所具有的多种智能并不仅仅只有上述的"八种智能",而是多种多样的,因此也有可能具有"八种智能"以外的其他智能。虽然加德纳提出的观点可以反映人类智能特点,但是从另一个层面来说,它仅仅是一个理论框架或者构思。其实多元化智能理论并不是指八种、九种或者十种智能,而是人类自身通过比较多元化的角度去分析和解决问题。也正是因为如此,他认为每个人的智能不是仅仅组合起来那么简单,而是每个人都拥有多元化的智能,并且展现出来的形式也是多种多样的。因此在教育教学过程中,应该多维度地分析每个人所拥有的不同智能,只有这样才可以针对不同对象的具体情况,采取有针对性的教育方法,培养和提高学生的创新意识,促进学生的个性发展。

二、体育多元教学的具体内容

随着我国社会不断发展与进步,体育教学模式作为教学模式中不可缺少的一部分,具有非常重要的作用和意义。影响体育教学模式结构的因素有很多,如教学条件、教学方法、教学内容等。其中教学内容是体育教学模式的起点和突破口,可以对多元化的体育教学模式进行完善和优化,整体优化体育教学模式的主要因素是教学条件、教师、学生特点。

(一)根据不同教学思想优化体育教学模式

体育教学模式是在一定的体育教学思想指导下进行的,不同的体育教学思想给予了教学模式活力,正确引导了教学模式的发展方向,并且帮助完成了当初制定的目标。为了让学生完成某些教学思想,教师需要从众多教材当中挑选合适的内容对学生进行授课讲解。因为教学思想具有多元化的特征,所以教师在教材内容的选择上也会展现出多样和复杂的特征。为了使教学思想可以完美符合学校体育的具体指导思想,并且保持条理清晰和明确,依据不同性质的教材内容,可以分为两种不同的类型,分别是精细教学型内容教材和介绍型内容教材。它们的教学思想和要达到的教学目标是不相同的,精细教学型内容教材主要偏向于难度比较大的必修内容等,介绍型内容教材主要偏向于难度比较小的选修材料。

精细型教学内容教材所隐含的教材思想主要有三方面,在这三个方面中"学习和掌握多项运动技术和技能"占比最大,学校为了让学生有机会和条件深入了解和学习多种运动技术和技能,会依据学生个人的兴趣和爱好,选择几项合适的运动技能作为长远的发展目标,如很好的师资力量,宽阔的场地,数量和样式多种多样的运动器材，以及充足的学习课时。在与课外体育的完美配合下，让学生充分了解和掌握几项最基本的运动技术和技能，锻炼和提高终身体育锻炼的良好意识和习惯。校园体育教师促使学生学习和练习运动技术和技能的过程中，要积极引导学生向身心健康发展的目标前进，努力完成学生在青少年时期身心健康发展的指向性功能。从效果上看，学习几项运动技术和技能并掌握是一种可以看到的外显性效果，努力培养和提高学生终身体育锻炼的良好意识可达到长期效果，学生通过体育锻炼拥有良好的体魄和健康的心态是一种内隐效果。当此种类型教材隐含的某些特定思想已经确定，以及想要达到的目标已经明确，同时也为选择合适的教学模式指定好方向，此时应该选择以心智类和运动技能教学类教学模式为主。心智教学模式在众多项目的单元中有一个"导入式"的作用，具体来说，就是通过某种特定情景的设置，积极带动和引导学生，使得学生可以在学习某种运动技术和技能之前发现和领会其中的意义。通过学习发现和领会其中的乐趣，引起学生对于运动技术和技能的兴趣，调动学习的主动性和积极性，使之可以保持最大的精力和兴趣进入学习状态。

介绍型内容教材与精细型教学内容教材相比较学习难度较小，并不用于学习难度较大的运动技术和技能，因此该教材最主要的目标就是使学生了解体育项目，培养和提高学生对于终身体育运动的兴趣和意识，促进学生的身心健康。为了实现教材的总目标，往往将其拆分为几个子目标，两者紧密关联，为了实现总目标而努力。也正是因为如此，此教材应该选择难度较小的教学模式，以情感体验类与体能训练类模式为主，使学生可以在难度较小的条件下，锻炼和提高身体素质。当然，可以通过选择不同的模式，如身体素质模式、自练式教学模式等，加大学生的运动量，增加负荷；教师想要学生达到快乐和成功学习的目的，使学生体验运动的乐趣，增加学生对其兴趣，也可以选择其他的模式，如成功体育模式、生活体育教学模式等。

（二）根据项目学习的不同阶段优化体育教学模式

课程标准是"教学大法"，同时也是教材编写、教师教学和考试评价及管理督导的依据，新时代新课程标准的修订明确了学生在不同阶段应该完成的学习任务和应该达到的水准，确保教师教学任务顺利完成的同时，使得学生可以充分学习和了解几项运动技术和技能。"模块教学"在教师的教学过程中是一个非常重要的存在，详细来说就是教师在教学任务的过程中依据教学任务中的重要主次和不同环节，详细且具体的安排教学任务、步骤和方法，已达到教学过程中各个教学任务环节的完美衔接，并且可以使学生成功完成完整动作，完成教师的教学任务。因为在教师的模块教学任务中，在单元教学任务的不同阶段，需要学生学习和掌握的技能也有所不同，所以教师在对学生进行教学任务的过程中也应该在不同课次和阶段有主次之分。既然教师在模块教学选择过程中有了主次之分，也就导致了教学模式上的不同。学生刚开始接触运动技术和技能的时候有一定的学习难度，再加上知识了解不多，所以在初步学习阶段，体育教师在对学生进行体育教学的过程中应该尽可能地选择一些浅显易懂的方法，运用平常生活中的经验，通过设计一系列简单易懂的体育活动，使得学生可以快速进入学习状态。也正是因为如此，可以以启发和引入式的教学模式为主，如情景教学模式、启发式教学模式等。学生在初步学习和掌握运动技术和技能之后，对此产生了浓烈兴趣，想要进一步学习，在这个时候已经达到了教学任务中的第二个阶段，在此时学生经过初步阶段的学习和练习，已经为这一阶段学习和练习关键的运动技术和技能打下了坚实的基础。在这一阶段学生已经掌握了最基本的运动技术和技能，因此体育教师在教学任务中需要系统且全面地纠正错误动作，改进质量，强化练习，因此可以选择技术类教学模式，如模仿式教学模式、程序式教学模式等。在学生对运动技术和技能基本了解和掌握之后，就证明已经到了最后阶段，这个时候体育教师的教学任务，就是让学生在不断练习运动技术和技能的过程中，注意一些动作的细节部分，达到巩固的目的，因此应该选择的主要模式为自学式教学模式、成功教学模式等。

（三）根据不同的外部教学条件优化体育教学模式

在体育教师教学的过程中需要借助一些外在条件的帮助来完成教学任务。体育教学的外在条件主要有固定的硬件和不固定的硬软件两大类，其中固定的硬件有不同地区、各类体育器材以及设备场馆等，不固定的硬软件有各个地区、学校的一些比较传统的体育运动项目、教具、模型等。体育教师在教学的过程中，通过借助各种不同硬件组成的不同组合形式的优化方法，结合制订的教学目标和任务，恰当地选择体育场地或者器材，经过精心的安排和布局，借助挂图、教具等辅助工具，完成体育教师的教学目标和计划。相同的教学手段和条件，不同的体育教师所用教学手段和条件的能力也是不同的，因此使用的教学方法和组合也会产生各种不同的效果。从教学模式的层面来看，体育教师在教学过程中选择不同的体育教学模式，促使教学条件的不同。纵然体育教师在教学过程中选择相同的教学模式，因为每个体育教师能力也各有不同，采用的教学条件和产生的组合也会有所不同。因此体育教师在教学的过程中应该充分按照体育教学的目标和模式，采用合适的教学条件，对其巧妙、科学地组合，使之达到最佳效果。

（四）根据学生基础优化体育教学模式

教师和学生分别作为体育教学活动的主导和主体，共同构成了教学活动的主要因素，在所有教学活动要素中占据主要地位，所以体育教师在选择教学模式的时候，也需要充分分析学生的详细情况和特点。在学生成长的过程中，可以依据不同的时间年龄段，将其分为小学、初中和高中阶段，因为在不同的时期，学生在生理和心理上会存在较为明显的差异化表现，所以体育教师在教学的过程中应该选择合适的教学方法，因材施教。要注意教学方法的选择需要与教学思想相对应，通过体育教师努力构造相对应的教学模式，完成小学、初中、高中阶段需要完成的教学目标。

小学阶段是学生接触和了解体育的初级阶段，因此应该以游戏为主，通过玩耍的方式让学生充分地接触和了解，如快乐体育模式、情景教学模式等；初中和高中阶段是学生学习和掌握运动技术和技能的最佳时期，在小学时期对体育的接触和了解会让学生产生强烈的兴趣，随着学生年龄的增长，他们已经拥有了思维和逻辑分析的能力，因此教学模式应该以选项式技能教学为主，如领会式教学模式、运动技能类模式等。

每个学生都是独立存在的个体，即使是相同的教学模式，在同一个层面上，也会在体育基础、接受能力等诸多方面的不同，因此体育教师在教学的过程中可以针对学生的不同情况，恰当地进行分组和分层教学，通过因人而异的教学模式，达到最佳的教学效果。

从体育教师的主导因素角度去考虑，因为每个教师的学历、知识结构等诸多方面不同，也会展现出不同的差异。因此体育教师在教学的过程中应该依据实际的情况、能力和水平，选择适合自身的体育教学模式。同时，努力学习关于教学模式方面的知识，充分了解教学改革的形式和需求，尽可能多地掌握多种教学模式，学会选择和运用合适的教学模式技巧，并且通过不断的努力和实践，提升教学水平，更好地为学生服务。

第二节 现代体育多元教学的理论价值

一、体育多元教学研究的意义

第一，体育锻炼对人体产生积极影响的最主要的原因是人体通过运动，加速了新陈代谢，在此过程中通过对能力的消耗，增加了对营养的吸收，使得身体变得比以前健康和强壮，充分满足在日常生产和生活中的需求。随着我国经济的快速发展，人们生活水平不断提高，开始逐渐为营养过剩的问题而烦恼，健康已成为人们在追求高质量生活中最为关心的问题。由于人们在生活中营养过剩和较少进行体育运动，开始出现"富贵病"，其成为威胁人们健康的又一杀手。生活中常见的疾病，如糖尿病、高血糖、高血脂等，就是因为营养摄入过多导致脂肪堆积比较多，人体的新陈代谢速度变慢，免疫功能逐渐变差，对心脏等诸多器官造成损伤，从而影响人体健康。在日常生活中不管身患哪种疾病都是很折磨身体的，与此同时，身体上的折磨也会影响人们的心理健康，使人的情绪低落，产生焦躁不安、易怒等不好表现，也有可能引发潜在的神经系统疾病。运动可以让人们远离疾病的烦恼，如缓解肥胖症最好的办法就是跑步；想要降低身体的体脂率，游泳是最好的办法；患有脂肪肝和高血压的"三高"患者可以通过慢跑来缓解。同时，还可以增强人体在耐力、力量等方面的适应性，大幅度提高人体的受寒能力，减少病毒对于人体的危害。随着人们年龄的不断增长，体育运动的方法应该适当进行调整和改变。年纪比较大的人，运动能力开始逐渐下降，骨骼已经逐渐硬化，不适合跑步、跳远等比较剧烈的活动，这一类人比较适合有氧运动。青春期是生长发育的关键时期，大学生仍然处于这一时期，跑步、球类运动比较适合这一群体，因为跑步、球类运动属于较大活动量和耗氧量的体育运动，可以刺激体内生长激素的分泌，对于骨骼生长发育具有不可替代的作用，同时对于锻炼和培养良好的心理素质有着重要的意义。与此同时，身体的健康成长对于心理成长有着鼓舞作用。人们通过体育锻炼刺激体内组织对于葡萄糖等众多营养物质的摄入，大大增加了对能量的吸收，提高了肌糖原的生产，加快生长发育速度。体育运动让人们拥有健康的身体，使之更加有自信和活力，有利于保持积极的自信心状态。

第二，合作就是团结，是体育运动的一个重要特性。体育运动可以培养学生之间的团队协作能力和意识，使之能够在潜移默化中融入社会，有着不可替代的重要作用。在当前的时代背景下，学生大部分都是独生子女，父母无论是在孩子出生时还是在孩子成长的过程中都给予了很大的呵护和关爱，但是孩子在成长的过程中缺少社会经验，性格会呈现出比较独立，不太擅长和人交流沟通的共同特性。学生时期的校园，并不能充分模拟社会中的实际行为，人际交往的空间狭小，学生与学生之间的交际也受到限制。在学校安排的体育运动中，学生可以有效利用体育运动中的规则，并依据当时的实际情况制订出合理的人员分配机制或者学生之间的交流沟通暗语等，学生们一起努力合作，借助团队的力量达到或者完成某些事情，在此过程中感受到合作的乐趣，以及团队需要自己的力量时毫不保留贡献的愉悦心情，这也是培养与形成学生健康的心理，塑造完整人格的过程。正是因为如此，体育运动与学生的学习密切相关，体育运动不仅不会影响学生的学习，还会对学生完整的人格培养和形成有着不可替代的作用。体育运动是将集体和个人的活动结合在一起的有机结合体，无论是在集体活动还是在个人活动中，它们的目的导向均是更快、更高和更强。年轻人可以通过体育运动，培养积极进取的人生态度，将敢于拼搏、不断超越的体育精神发扬光大，并且在与其他人不断竞争的过程中，感受到成功的喜悦，这对于充分稳固团队成员之间的关系，大幅度提升个人价值有着重要的作用和意义。

第三，体育运动可以培养和健全人的性格，丰富个人的性格特征，促进心理健康，提高心理素质，培养宽容、友好的个人品行，同时成员在运动中通过团队合作的方式，培养和提高了处理人际关系的能力。在体育运动中不可能有十全十美的存在，因为场地空间和时间的限制，所以或多或少均会有一定的局限。因此在参加体育运动时，不能由着自己的性子来，必须遵守相应的规则，控制自己的不当情绪与行为。在此过程中形成一种行为暗示，如"我应该如此""我只能这样"，对个人规范意识的培养和形成有着不可替代的作用和意义。良好的人际关系，在体育运动的过程中会展现出较好的团队合作表现，也就离成功更近一点，但是在运动中没有团队合作意识，不顾整体利益而各行其是，那么该团队没有形成整体的合力，离失败也就更近一点。也正因如此，参与体育运动的成员会思考怎样构建一个合格的团队，并且使团队保持一种沟通顺畅、行为有效、配合默契的状态。在不断思考的过程中，促使学生身心朝着健康的方向发展，引导其建立正确的价值观，以及奋发向上、拼搏进取的精神，培养和构建正确的自尊自爱的人格品行，使学生保持积极向上的健康心理状态。健康的心理在课本中是学不到的，只有在体育活动中，通过协同合作的方式，使学生在运动中发现个人的价值，才有可能为学生构建和培养良好的人格品行。

第四，体育运动对身心疾病的预防有着不可替代的作用。近年来在预防心理疾病方向的研究中，众多优秀的学者赞成这一理论。简单来说，就是人体通过体育运动的方式把心中不好的情绪尽可能多地发泄出来，内心不好的情绪发泄出来后，身体机能等诸多方面也就会慢慢正常，心理也会变得更加健康。因此，当人们的情绪陷入低潮的时候，可以通过体育运动的方式，使得不好的情绪得到发泄，那么心理方面的负面因素也会变少。正因如此，要努力提高学生健康的心理素质，在课堂上教师要积极引导和开导学生的不好的情绪。与此同时，一些课外活动，如春游、秋游、体育运动等对于消除学生不好的情绪有意想不到的正面效果。因此，我们经常可以看到喜欢运动的学生大多数活泼开朗，较为"阳光"，而身体比其他人肥胖的，情绪容易沮丧的学生，身体机能与其他人相比也较差，且容易产生自卑的情绪，尤其是和经常运动的学生相比较，明显的心理素质不高。

二、体育多元教学法的应用优势

（一）满足学生个性化发展需求

体育教师在对学生进行体育教育的过程中，通过努力让学生充分学习和掌握运动技术和技能，使学生感受到成功的喜悦，以此来调动学生进行体育运动的积极性，达到事半功倍的效果和目标。因此，体育教师需要选择合适的方法对学生进行体育教学，尤其是在对初中时期的学生教学时，尽可能减少技术性动作的出现，让学生有时间可以参与到体育运动当中，感受运动带来的喜悦和魅力。需要注意的是，有很多因素会影响学生参与到体育运动当中，如有时学校为了提高升学率，将大部分的时间和精力投入，忽略了体育运动对学生发展的重要性；有些学校或者老师以"怕影响学习"的理由减少体育课程；有些学校因为经济能力受限，没有足够的能力去提供运动场地和器材，以上这些问题均会对体育教师的教学产生不好的影响。体育教师采用多元化教学方式，在体育教学的过程中可以充分调动学生学习运动技能的主动性，使其感受到喜悦，从而超出传统教学体制的限制，通过正确的引导，发展以人为本的思想。体育教师通过对教学任务中各个主体信息的具体分析，再结合学生的独特需求，因人而异，为其创设感兴趣的体育项目，积极培养学生运动的良好习惯，帮助学生提高体质健康水平和身体素质。

（二）帮助学生感受体育魅力

从个人条件的角度去考虑，每个学生的身体素质、心理特点等均是不相同的，因此体育教师在对学生开展教学的过程中，教学内容也会有一定的差异化。所以，体育教师在开展某项教学活动的时候，因其心理素质、个人兴趣等方面的不同会产生多种不同的效果。如果体育教师在实际体育教学的过程中没有考虑学生之间的差异化，对学生提出的要求一模一样，就容易使做到的学生产生优越感，而没有做到的学生产生挫败感，这样会打击没有做到的学生参与体育锻炼的积极性。因此，体育教师在开展实际的体育教学活动前，需要充分考虑和认识到学生的个性化特点，因人而异，采用适合学生发展的个性化学习需求，充分激发其对学习运动技术和技能的自信心。

（三）增强班级凝聚力

教师设定的教学目标有着比较理想的指导效应，充分依据处理模式引起人们的关注和兴趣，并且在相关配套目标积极引导的基础上，促使人们参与到相关活动中，把注意力全部集中到如何完成最后的目标上来，对于与活动不相关的事项和干扰采用的处理方法为忽略。体育教师在开展后续的多元教学活动中，需要因人而异，充分认识并且参考学生的详细基础信息，对学生进行多元化控制。在体育教学的过程中详细划分每一层次的目标，并且均设定单一的目标，以此来达到监督和促进的效果。随着现代多元教学理论以及自我交流体系的发展，在传统状态下紧张的交流气氛中也可以实现逆转。在整体的体育课程环境中，可以充分达到融洽、轻松的效果，增强班级的凝聚力和团结精神。

（四）提升教师业务水平

教师在教学的过程中采用多元教学的方式，必须具有较高的素养。因此，需要教师向着理论和实践等诸多方面发展，同时也需要拥有较高的实践指导水平。也只有如此，体育教师在教学的过程中才可以更好地推进教学工作，实现目标。为了完成目标，教师应该与时俱进，努力跟上时代的步伐，增强个人在综合方面的素养，积极适应现代化多元教学的各项需求。

第三节 现代体育多元教学的设计创新

教育是一项活动，目的是将受教育者努力培养成为社会需要的人才。教学是构成教育工作的主要部分，同时也是教育的基本途径。因此，教学也可以当做一种有目的的活动。正因如此，教学设计也就随着教学活动的目的而产生了。当今社会，随着科学技术的不断进步以及教育事业的不断发展，教学系统开始变得复杂和庞大，教师肩膀上的教学任务也变得更加繁重。教学设计成为教学任务中的关键环节，复杂程度也逐渐变高。在科学研究的时候，列宁曾经说过："最可靠、最必要、最重要的就是不要忘记基本的历史联系，考查每个问题都要看某种现象在历史上是怎样产生的，在发展中经历了哪些主要阶段，并根据它的这种发展去考查这一事物现在是怎样的。"通过对教学设计发展历史的深入研究和探索，可以更好地了解和认识教学设计的理性和现状。

一、教学设计概述

教学设计也可以被称作教学设计系统。"教学设计"这一概念是1962年美国著名学者格拉泽提出来的。当时我国的教学设计系统发展比较晚，一直到1987年《教学设计简介》的出版，中国教学设计理念实验研究和探索才正式开始。随着时代的发展，我国教学设计的研究和探索逐渐完善，并趋于成熟，众多优秀的学者依照自己的研究和探索进行了重新定义和阐述，如加涅认为，教学设计可以看作一个全面、系统化的规划教学系统的具体过程；乌美娜认为，教学设计是充分采用系统的方法对教学问题进行详细的分析，明确教学任务中的教学目标，针对教学任务中的教学问题建立相对的策略计划和具体方案，通过对策略计划和具体方案的试运行，对试运行的结果进行评价，以及对其进行修改的全部过程。鲍峰认为，教学设计的最终目的是有效促进教学活动的程序化、精准化以及合理化；林宪生认为，教学设计是教师通过研究找到合适的教学目标，并且制订相应教学计划的教学技术学科。

通过国内外众多优秀学者对教学设计的重新定义，可以明显地发现，很大一部分学者把"教学设计"理解成教学的过程。本书参考和借鉴了乌美娜的观点，认为教学设计是一种教学的过程，在对学生进行教育的过程中可以充分根据教育的相关理念制订出合适的教学目标，并且为了可以成功完成这些制订出来的合适的教学目标，开展众多连贯的教学活动，达到最佳的教学效果。

教师需要有充足的能力，精准理解和掌握新课标的理念和每一主题的课程标准要求，并且在此基础上设定相应的教学目标等。教材分析是教学过程中最基础和最重要的工作，因此教师还要具有分析教材的能力。详细来说，教师需要对教材的知识内容有充分的认识和理解，明确教学过程中的教学重点和难点知识，尤其是在缺少教材素材资源的情况下，可以进行有效地补充，并且了解课题所包含的体育学科价值和社会价值。为了可以充分了解和明确学生的具体知识储备，教师要具备学情分析能力。教师为了可以充分认识学生的年龄特征和学习方面的相关需求，清楚阻碍学生学习的关键点，有效促进身心健康全面的发展，需要具备制定教学和评价目标的能力，具体来说，就是教师在教学的过程中根据课程的相关标准，学生的学习内容和特点，合理地设定教学和评价目标，并判断是否完成。为了使学生能够对知识有效的理解和认识，达到课程标准的相关要求，需要教师具备选择教学策略的能力，具备设计主题内容的教学能力，选择有效、真实的情境素材组织教学内容。教师在教学的活动中可以展现教学的目标，在教学的过程中将主要核心目标缓慢渗入到受教育者中，并保证教学环节与环节之间的顺利衔接。教师需要具备教学设计评价的能力，简单来说，就是可以掌握"教、学、评"一体化的教学模式，通过多种方法快速对学生进行评价。教师的教学设计反思能力，就是在课程开始前充分审视教学活动，预先设想一些问题，并且提前做好相应的布局和安排工作，方便在课程结束后能够依据实际发生的情况进行有效的反思，并且加以改正，进行再设计。

二、现代体育多元教学设计的特征

（一）体育教学目标设计的指向性

体育教学的发展方向受到体育教学目标设计的影响和制约。系统科学理论指出：无论哪一个系统，不管输入的内容有没有明确，输出有一定的指向性。因此，体育教育系统在没有引入人为主观条件的时候，目标有一定的指向性，并且可以有多个方面的变化，总结来说就是有多种目标。

第一，有效提升学生正在体育运动技术和技能方面的战术和相关理论知识的水平，使学生无论是在身体健康方面，还是在心理素质方面，均有较全面的发展，引起学生的兴趣，提高学生主动学习的积极性。

第二，学生仅仅具有体育运动的技术和技能是不行的，教师在教学的过程中还要努力培养学生在体育运动裁判方面的实践能力，使学生可以充分了解和掌握体育执裁的尺度，并且有组织和安排体育竞赛的能力。

第三，为了促使学生养成参加体育运动的习惯，教师在教学的过程中要努力培养学生与体育方面相关的意识和行为，为以后的工作和终身体育意识打下坚实的基础。

第四，教师在教学的过程中努力培养学生的优良品质，如遵纪守法、团结协作、勇于拼搏等。

第五，随着时代的进步和教育事业的不断发展，教师要努力培养学生德、智、体、美、劳全方位发展，使其符合当今时代对体育人才的强烈需求。将学生培养成综合发展的创新型优秀人才。

这些教学目标设计的顺利实现是体育教学系统产生的正面结果。充分认识和掌握体育教学系统的具体功能，对提升系统的效应、完成教学目标，有着非常重要的作用和意义。

（二）体育教学目标设计的制约性

体育教学设计的存在和变化是以体育教学的目标存在和变化为条件的，有一定的制约性，体育教学设计的制约性是从体育教学系统的整体功能分析的。体育教师在教学过程中设定的总目标，是由每一层次小目标的完成，经过不断积累实现的，当然在此过程中它又会有一些条件的制约。

体育教学目标是新时代社会对体育价值取向的具体化，也是对体育教学工作规律客观和精准的了解和认识，反映了新时代社会和阶级对人才培养的强烈需求。与此同时，体育教师在教学设计的实际过程中会受到政治制度、经济发展水平的制约。因此，体育教师应该充分了解和掌握体育教学的规律，并且在此基础上正确把握新时代的特征和发展阶段，不能超越社会发展的历史阶段，但是又要能够明确反映出新时代体育发展的总体趋势。

体育教学是学校体育教育工作的核心和重点，同时也是促进学生德、智、体全方位发展，大幅提升人才质量的关键要素。体育教学设计是为了顺利地完成学校教学的各项目标，服务于学校的教育目标，两者之间属于上下从属、递进的关系。也正因如此，体育教学设计被体育教学系统所约束，体育教学系统被学校体育系统所约束，以此类推，学校体育系统被学校教育系统所约束。通过对以上关系的介绍，可以充分看出学校教育系统的整体功能大于各组成部分的系统功能总和。因此，对体育教学位置没有进行充分的理解和考虑，对教学目标层次详细划分没有开展深入的研究和探讨，以及没有思考教育和体育系统的制约，直接明确体育教育目标是非常片面的做法。

体育教学目标设计是教师和学生在满足一定条件的情况下，经过不断的努力成功完成的基本目标。因此，体育教学目标设计还会受到一些外在因素的影响和约束，如体育场地和器材、师资的数量和质量、体育教学的时间安排等。体育教师在设定体育教学目标的时候，不能太高也不能太低，要依据现有条件和自身丰富的经验，进行全方位的可行性具体分析。

(三）体育教学目标设计的对立统一性

体育教学目标设计的对立统一的主要矛盾是为了可以充分完成不同的体育教学目标，以不同的教学条件来控制实现目标。两者之间的矛盾，主要体现在体育实践教学的内容选择、组合以及时间的分配上面。体育教师在教学的过程中，每节课程的体育实践环节，均有需要完成的效果目标，但实际完成的目标与设定的目标有一定的差异，这就体现出各项体育教学的目标按照自己的规律，展现出不同的个性。也因如此，在每次的体育教学课程中均会出现与教学目标对立的一面，即教师为学生传授知识和学生学习技术的矛盾；学生提高自身素质和学习某项运动技术技能或者相关体育基础的理论知识的矛盾，如在课程中体育教师的重点教学目标是提高和发展学生身体素质，就需要学生有充足的时间来进行素质训练。在此时，体育教师实现教学目标的先决条件就是时间，但是每节课程的时间是固定的，当学生占训练身体素质的时间较多时，体育教师在其他方面的教学内容上，时间就会相对地减少，这样就导致了体育教师设定的其他教学目标受到削弱，反过来也是产生同样的效果。可以说在体育教师设定的体育教学目标中，除了有对立的一面，还有统一的一面，具体表现在以下四个方面：

第一，提高学生的集体主义观念，有利于充分调动主动学习的积极性、组织纪律性。在体育课程中无论教师在还是不在，学生都能达到教师设定的体育教学目标，无论是全体管理和分组管理，还是分组管理和个别管理，都会产生同样的效果。这样可以充分保证教师在上课时的教学秩序，以及顺利完成体育教师设定的教学目标。

第二，体育教师提高学生在体育理论知识方面的水平，可以使得学生在锻炼的时候对技术和技能精准掌握，提高练习的质量。众所周知，体育运动是一门以身体练习为主要手段，并且需要在一定的理论指导下进行的。学习多种运动技术和技能的同时，也需要掌握科学的体育锻炼理论知识和方法，成功完成体育教师设定的体育训练和教学的目标，提高体育教师教学质量的效果。

第三，学生身体机能方面的改善和素质水平的提升，便于学生深入学习和掌握体育理论知识以及各项运动技术和技能。学习体育理论知识和各项运动技术技能的前提是身体条件的好坏，因为只有身体基础好，才有条件学习和掌握体育理论知识与各项运动技术技能，并且身体机能越好，学习和掌握的速度也就越快。

第四，体育运动技术水平的提升可以大幅度增强学生的体质。当学生成功完成了体育教师设定的教学目标，对体育运动技术技能有了充分的认识和掌握，就可以体现出心智和身体肌肉的各个方面完美的协调能力，增强体质。同时，运动技术水平的大幅度提升也可以提高体育教师的教学效果。

体育教师众多的体育教学目标设计在现在体育多元教学设计的对立统一中互相促进，共同发展。也正因如此，在研究和探索体育教学目标的时候，需要充分考虑在同一个时间节点中体育教学目标对立统一的特征，在时间先后顺序和互相辅助、互相促成的关系中，共同达成设定的体育教学目标。

三、现代体育多元教学设计创新的策略

体育教学设计创新的策略主要指为了可以充分实现现代体育教学设计的创新，主要从理论和实践两个方向进行相关的计划和布局安排。随着时代的发展和教育事业的不断进步，众多优秀的学者通过对体育教学设计的深思，并且在科学教育发展观正确的引导下，在体育教学设计创新的基础上，充分与教学设计的实践主体相结合，提出了生本化策略、师生共创策略、整体呈现策略和过程生成策略，具体如下：

（一）生本化策略

生本化即以学生发展为本。在我国全面发展教育的组成部分中，体育的根本任务是促进学生全方位地发展，这也是当前体育教育课程改革的重点。生本化策略着重提出了，体育教师在教学的活动当中需要把学生作为主体，并且以满足学生在课程中以及社会人才培养的实际需求作为前提，做到还课堂于学生。体育教师在教学的过程中，不能一味地采用单一教学情境，需要在新时代的潮流中集思广益，创造出多种适合学生发展的教学情境，可以在教学情境中充分调动学生参加的积极性，鼓励学生与学生之间进行合作与交流，培养对体育教师的教学内容、方法怀疑和探究的良好习惯和精神，使其成为真正意义上的主体。当今时代体育要想快速发展和创新，需要坚守"以学生的发展为本"的理念，重点发展和提高学生的创新精神、实践方面的能力，全面提高学生的综合素质。学生是体育教学中的主体因素，也是体育教学设计中的实践主体，其最终任务是学生可以通过学习体育理论知识和运动技术技能，在身心等诸多方面得到全方位的发展。

"以学生发展为本"的理念在体育教师的教学活动当中，展现了学生的主体地位。其中，学生主体作用主要是在体育教师的教学活动当中体现，通过精心的设计，来吸引学生积极地参与，所以在对学生授课前，体育教师的教学活动需要用心设计，充分按照学生的实际情况设计出适合学生的教学方法和内容。首先，

体育教师需要设计出适合学生发展的教学方式，因此需要从学生"学"这一层面来考虑，并且严格根据体育大纲规定的教学要求和内容设计出适合学生的教学形式。其次，学生作为体育教学中的主体，体育教师需要在教学的课程中将时间和空间主体地位还给学生。体育的教学设计首先要做到，把学生放在教学的主体位置上，使学生在空间和时间上面享受到自由，只有这样才能调动学生主动参与体育活动的积极性。体育教学设计的创新性，体现了体育教师开展教学活动的核心是学生，因此在学生活动发生变化的时候，体育教师的角色和其起到的作用也应该随之改变。如体育课程开始之前的相关准备活动，体育教师第一步要做的就是向学生做好示范，在此过程中引导学生做出正确的动作，同时活动开始的时候，需要不断对学生进行观察，以便对暂时做不好动作的学生进行正确的指导和帮助，做出规范的动作。在学生进行活动的过程中观察学生的完成情况，总结出在教学过程中学生出现的主要问题，并且给予正确的纠正和解答，展现出体育教师在教学过程中的主导作用及以学生为主体的作用。

在教学的过程中，要始终坚持以学生为本的教学理念，想要使学生得到全方位的发展，需要充分激发学生的主体情感，打造出适合学生发展的环境和氛围。首先，教师在教学的过程中要以学生为本，充分尊重学生的情感。教学的过程中运用多种不同的教学情境，为学生打造出快乐、轻松的体育环境，使学生可以产生正面的情感体验和效果。所以，从授课程序的方面来说，体育教师作为情绪的主导者，需要在课程中保持积极向上的正能量心态，只有这样，在对学生开展的体育活动中，才能营造出好的体育氛围，进而带动学生的情感。其次，为了减少教师与学生之间的陌生感，教师应努力拉近和学生之间的距离，尊重学生的情感，并且为学生营造出一种"放得开"的学习氛围。体育教师在教学过程中，应及时对有进步的学生进行表扬，充分激发学生学习的动力和自信心，使得学生可以在鼓励式教育的过程中对教师教学活动充分认同，从而快速提高成绩。

体育的教学设计应该充分遵循以学生的全方位发展为本，并且在此前提下着重发展学生的创新能力和创新精神。体育教师在教学的过程中，根据创新型体育教学设计的指导，依据学生在教学活动中的表现，准确地把握教学。此种做法在做到对学生严格管理的同时，又可以给学生充分的自由，使其对体育教学开展进行深入的研究和探索，培养发现并解决问题的好习惯。对比较困难的问题，教师要鼓励学生敢于用自己独特的思维去面对和解决，这对培养和提高学生的创新性思维具有非常重要的作用和意义。

"生本化策略"在教学设计创新中占据主要地位。因此，在教师的教学设计当中，无论是在内容的确定上，还是在制定和实施的过程中，均应该明确和坚持以学生为本的教学理念，只有这样才可以充分保证体育教师教学的有效性和体育教学的顺利进行，使得学生将教师设定的教学内容当作学习的目标和动力。

（二）师生共创策略

在进行体育教学改革的时候，体育教师和学生均应该对自己有准确的定位，紧随时代的潮流，更新自身的定位。随着科学技术和教育事业的快速发展，体育教师应该改变以前传统的授课方式，由主导者变为学生学习的引导者和促进者。学生作为受教育者，应该由被动接受变为主动参与和创新教学。体育教师在对学生进行教学活动的时候，每一环节和过程均应该由双方合作共同完成。

体育教师在进行体育教学的时候，体育教学设计的确定需要做出改变，尤其是体育教师依照体育教学大纲单独确定的局面需要做出改变，同时尽可能多地让学生参与其中，充实体育教学设计。让学生参与体育教学设计的确定，使学生在思想上产生一种被重视的感觉，可以充分调动学生学习的主动性和积极性，强化和巩固体育教师的教学内容，在一定程度上提升了专修课学生的主人翁意识。

（三）整体呈现策略

传统意义上的体育教学以考试为主。虽然要求体育教师在教学的过程中，以培养和提高学生的情感、技能和精神意志力为目标，但是实际未能完全实现这些目标。学生学习体育时会把学习的重点放在强化技术技能和考试规定的内容等方面。富有创新意识是进行创新教育的前提，面对此种情况，体育教学设计想要实现创新和快速提高教学质量，需要打破传统教学模式，使学生了解和清楚要学习的内容，以及对整体学习目标的明确。此种做法可以使学生对将要学习的内容有充分的认识和整体的把握，快速接受体育教师的教学内容，并且找到合适的学习方式，同时在接受教育的过程中善于发现和解决问题。教学设计对学生有指向和鼓励作用，让学生在明确了学习目标以后，可以充分调动自我学习的主动性和积极性，有了学习的动力，达到目标的成功率也就提高了。

整体教学设计的不同层次，可以采用不同的表现方式。一般情况下，教学设计总目标在开学的时候展现出来，学校的教务处或者体育教师通过简明扼要的方式呈现，使学生对将要学习的课程内容、课程特点、课程框架和课程的整体结构有一个清晰的认知，并且了解通过学习可以提高哪一方面的能力。体育教师在体育教学的过程中，教学设计的单元目标主要在单元讲授之前，通过单元目标图的方式展现给学生，使得学生可以有充足的时间准备。教学设计的课时目标作为一节课时的具体目标，有不同的方式展示给学生，可以在课程之前或者之后，也可以在课程进行的时候呈现出来，区别在于课程之前学生可以明确学习的主要方向，课程之后或者进行的时候可以使学生在学习内容以后进行总结。

（四）过程生成策略

随着教育事业的快速发展，教学观念的转变，我国众多优秀的体育工作者从多个层面对体育教学设计价值取向的问题进行了深入的研究和探索。通过努力改变了以往传统体育只注重基本知识和技术的"双基"价值取向问题，变成在"双基"的基础上重视生活经验、情感升华（情、意、知等）以及创新思维能力培养的五种多元体育教学设计，从重视学生由技术到知、情、意、行的多角度转变，充分证明了体育工作者为让学生可以全方位的发展，做出了很大的努力，正因如此，才使得现今的体育教学和活动形式多样并且丰富。"双基"是实在、可以测量的目标，因为合乎应试教育的具体要求，在很长一段时间内得到教师的重视。虽然其他目标与其相比较难以量化，效果缓慢，但是对学生的全方位发展有着不可替代的作用，在体育教师教学的过程中，目标在多种教学情境的变化，以及体育教师教学内容的升华当中实现。所以，体育教学设计的目标，在实际的体育教师教学中不可能包括所有可能实现的目标，因为目标在体育教师教学的过程中生成和发展，已经越过了本身。

体育教学设计依据不同的展现方式可分为三种，分别是行为目标、展开性目标和表现性目标。行为目标是指体育教师在教授学生的体育运动中，提前设定的行为期望，是一种实质、可量化的理性目标。展开性目标是体育教师在教学的过程中，依据每个学生不同的兴趣，以及对体育教师教学内容的实际接受能力，不按照提前备好的教学设计对学生授课，可以培养和提高学生发现和解决问题的能力，充分调动学生学习的主动性和积极性。虽然发展学生的个性和创造性的目标，是通过隐性、潜在的方式呈现出来的，难以量化，但是在体育教学设计中也是非常重要的存在，不可替代。表现性目标是学生在参加体育教师教学活动的过程当中，通过经验丰富的体育教师的引导以及学生的深度体验，得到无法预知的目标结果。它不会受到传统固定目标的束缚，而是将注意力重点放在了促使体育专修学生，在体育教师引导和深度体验中完成创造性和创新性目标。此种方式是对以往传统固定目标的创造性提炼和升华，在一定程度上提高学生研究探索和发现未知的能力。由此可以看出，表现性目标和展开性目标与行为目标相比较，是随着体育教师教学活动生成和发展的，无法准确地预知和判断。

随着时代和教育事业的快速发展，体育教学设计的概念已经实现了合理的超越。虽然影响体育教学发展的因素有很多，但教师和学生作为教学主体是最主要的因素。当今时代，要促进学生全方位健康发展，两个最主要的因素应该随着其他（如教学环境、内容等）因素的变化而变化，共同发展，不放过每一个可以让学生发展的机会。

（五）多元评价策略

体育教学评价是教学设计的重要组成部分，是验证教学设计能否实现的最直接的手段，对判断专修课的价值，以及快速提高教学质量有着非常重要的作用。随着教育事业不断发展，体育教学设计想要得到创新，有一个跨越式的发展，需要运用科学的教学评价体系。体育教师在教学的过程中，要改变以往的传统教学设计价值取向，从之前重点关注体育知识和技能传授的单一应试教育转变为素质教育，使学生从被动接受教育转变为主动学习，培养为适合社会发展的复合型高级人才，成功实现创新专业型人才的培养目标。

体育教师在教学的过程中，注重对知识的客观评价，在体育教学大纲规定的时间内，学生对体育教师教学内容的掌握以及运用的程度。认知性目标在传统体育教师教学的过程中，不是为了单纯地完成目标，而是对传统体育进行深层认识和重新定位。创新性的体育教学认知性目标除了会强调学生对体育教师教学内容接受和掌握的程度外，还强调学生对陈述性、程序性和策略性知识的掌握以及运用水平。学生在学习的过程中，对于最基础的体育运动知识和技术技能除了要"学会"，还要"会学"，因此，体育教师教学的终极目标不只是了解和掌握，而是让学生找到科学的学习方式。体育教师在教学的过程中，要重视情感价值观的评价，除了要注重学生在知识、能力以及技术技能方面的发展外，还要着重培养和提高学生的思想品质和心态、树立正确的世界观、价值观等，这是促进学生全方位发展的重要风向标。传统的体育教学设计，重视对学生在体育运动基础知识和技术技能方面的培养，完全忽略了学生作为独立存在的健康个体，非常有必要在情感价值观上进行正确的引导和教育。所以，体育教学设计要摒除以前的传统做法，进行全新的改革和发展，需要从根源上将思想和目标转变。体育教师在对学生教学的过程中，要从实际情况出发，在兴趣、情感、价值观等诸多方面努力，开创情景式教育模式，有意识培养学生树立正确的情感价值观，从而促进专修学生形成健康的身体和心理素质，实现全方位的和谐发展。

体育教学设计并不是独立存在的静止个体，在目标与目标之间的相互作用、制约和影响下，渗透在整个体育教学的过程中。所以，体育教师在教学的过程中不应仅关注学生体育战术知识，轻视提升能力，同时也不应只关注学生在体育理论方面的知识，轻视品德、认知水平的提高和意志力的培养。所以，不管在哪一个阶段，认知目标、教育目标和发展性目标对学生的全方位发展有着不可替代的作用和意义，体育教学设计在体育教学的过程中想要创新，需要对三者兼顾专修，少一样也不行。

第四节 现代体育多元教学的技术发展

体育技能在体育课堂教学技能中占有非常重要的地位，作为重要的环节，它主要包括说课、讲课和模拟教学等技能。

一、说课技能

说课是在1987年，由华中地区河南省新乡市红旗区的教研室提出来的，作为教学和教研的改革手段。由于具有操作性强、效果显著，获得了国内众多教学、教研工作者和教师的认同，并且通过更深层次的研究和探索，得到了充实和完善，在国内形成了独具特色的教研活动。

说课是非常有创意的教研活动，同时又是教师职业技能训练的关键内容。说课指授课教师通过系统的观点、方法，在有限的时间里，主要通过语言的方式以及一些其他的辅助手段，向受教育者介绍课程的设计意图和预想程序的教学活动方式。教师在授课的过程中，在教案的基础上阐明教学观点，叙述执教课题的教学设想、教学策略和组织教学的相关理论依据等，最后再通过优秀的专家、评委等的评价，判断该教师的方案实施的可行性，以及是否可以达到预期效果的教学研究活动。

说课是一种全新的教学组织环节，且在教学活动中占有非常重要的地位。它虽然源于备课，但是又高于备课，主要在备课之后、上课之前进行，可以说是上课前的演习。虽然不是上课，但又是准课堂的教学，并且课前、课后都可以，时间并不是很长，一般情况下在10分钟左右。

体育课教学的主要形式是通过实践训练和练习学生的身体，教师和学生均认为在课程中实践训练和练习的重要性大于理论授课，这也就容易忽视教学设计在体育课程教学中的关键作用。教师在备课的过程中，往往比较偏向于教学生什么，以及怎么教学生；很少会思考为什么会教学生这些，以及这样教学生产生的效果怎样等。体育教师不进行多方位的思考，会对体育大纲和教材的理解、认识不深刻和不完善，无法采取灵活的教法和学法，缺少多方位的考虑，使得教师在教学程序设计的时候不严谨、不严密，以及无法对教材重点和难点进行准确的定位。

我国各学校可以根据学生需求、场地条件、师资结构等实际情况实施适合本学校的课程。学校自主制订教学大纲、教学计划及课时安排，各主管教委制订相应的教学检查系统。这种教学的形式给予体育教师很大的自由创造空间，有利于教师根据自身的优势开发新的教学方式与方法。

二、讲课技能

（一）板书技能

提到教师，大家很快就会联想到黑板粉笔，那是因为黑板粉笔代表了教师的一项从教技能——板书技能。传统的板书是指教师运用黑板书写文字符号、图形和图表等传递教学信息，以辅助课堂教学的一种教学行为方式。板书又分为正、副板书。正板书通常写在黑板中央或左半部，为教学内容的高度概括；副板书一般写在黑板两侧或右侧，是正板书的补充或辅助。因此，正板书须课前精心设计，而副板书可根据实际情况在课堂上临时发挥。所以一般板书技能中的板书是指正板书。

随着大批年轻教师走上讲台，现代教学媒体越来越多地介入课堂教学，有的教师在课堂上很少在黑板上书写板书，甚至一节课一个字也不用写，而是直接事先将板书内容制成幻灯片，上课时直接投影出来。

（二）演示技能

人的认识规律是从生动的直接感觉到抽象的思维，再从抽象的思维到思维的实践，最后形成理性认知。演示就是一种符合这一规律且出现较早的辅助教学的一种方法。演示技能是教师在课堂教学中进行示范操作或运用最直接的教学手段，如实验、实物、图片等，通过给学生提供一系列感性材料，引起学生的兴趣，调动思维感官，形成表象与联系，引导学生观察、思维以及训练的教学行为。其核心是根据教学内容为学生提供恰当的直观感性材料，并借助它引导学生进行知识学习。

（三）讲解技能

教师上课也称为讲课，那是因为讲解技能可以普遍应用于每一堂课，而且具有高效率的特点。它可以针对任何知识和技能的传授来开展，如可用于描述现象、讲解结构、说明原理、解释原因等，也可用于引导思维、剖析疑难、概括方法、总结规律等。总体来说，讲解技能是教师通过语言的方式，借助多种教学媒体，调动学生学习的主动性和积极性，并且积极引导和指引学生对教学内容的正确理解，通过对教学内容的分析、抽象、概括对受教育者的主体传授知识和方法，以及正确启发学生的思维，积极表达思想感情的教学行为。

（四）提问技能

在教学过程中提出问题、用问题激发学生的求知欲望和学习兴趣，从而在问题解决过程中促进学生的思维发展。

1. 问题设计

设计一个好的问题，需要做到以下三点：研究教材，明确目标；理解原则，掌握标准；优化思路，编好程序。

2. 提问的技巧

第一，正确处理反馈信息。

第二，学会启发和诱导。

第三，掌握提问的技巧。

（五）反馈和强化技能

反馈强化指的是教师在教育活动中，通过学生的多种信息反馈，以其独特的应变能力有效解决教学活动中出现的难题，采用不同的教学方法来达到强化教学内容的目的。

1. 反馈和强化技能的内涵

反馈技能是指在课堂教学中，教师传出教学信息后，有意识地从学生那里获取对有关信息的反应，并据此调整教学活动的行为方式。

强化技能是指增强对知识的反应程度，帮助学生把某一行为的变化朝着更好的方向发展的行为方式。

2. 信息反馈技能的特点

（1）双向性

双向性包含两种不同的过程，除了教师对学生教学内容的正确传授外，还有受教育者对教师教学内容的反馈，并且这两个过程是同时发生、反向进行的，在此过程中相互影响、促进和交融。

（2）及时性

一般情况下，教师在对学生教学的过程中，对于双向性的信息反馈要及时进行，只有这样教师才能根据信息的反馈，快速及时地对课程中的难点、重点和进度进行准确调控，学生也能够及时快速调整学习的思维与方法。

（3）全面性

教师在对学生教学的过程中会有很多的信息反馈，它涉及各个环节、要素和阶段，存在教学过程中的方方面面。面对此种情况，教师需要有敏锐的观察力，只有对反馈的信息有一个完整的把握，才能顺利地对受教育者授课。

3. 信息反馈的两种主要方式

（1）直接反馈

教师在教学的过程中，从学生方面得到的反馈信息就是直接反馈，它所反馈的信息方式涉及很多方面，如查看学生在课堂中记笔记的神态、自我阅读的表现等，是最基础、可靠的信息反馈方式。

（2）间接反馈

间接反馈与直接反馈相比较有很大的差异，它可以是教师在对学生教学过程中出现的问题进行的自我反馈，也可以从领导检查、学生的评课中得到。

（六）结束技能

教师教学科学性的表现就是在学生课堂教学结束的时候精彩和成功的表现。要知道，成功的课堂教学结束，能够对教师的教学内容、活动起到全面概括和提炼升华的促进作用，并且拓展延伸教材，拓宽课堂教学空间，充分调动学生学习的主动性和积极性，引发学生求知欲，对于直接提升教师的教学效率有着不可替代的作用，同时对于提升学生以后的学习效率也有着非常重要的作用和意义。

1. 结束技能的内涵

结束技能就是教师对学生进行教学任务，在完成的时候，通过一系列的活动，如重复地对学生强调需要学习的重点和难点、对课堂内容进行总结和概括等，使得教师传授给学生的知识、技能可以得到全面系统的巩固和正确的使用，学生对于新学到的内容能够牢固掌握，并且能够正确运用的教学行为。

一般情况下，结束技能运用在课堂结束的时候，还有一些其他的情况，在教师的课堂教学中，只要是相对独立的教学阶段均会有用到此技能的时候，无论是教师为学生传授的某一个概念或者新问题，还是教学课程中某一单元或者项目结束的时候。

2.结束技能的常见形式及运用

（1）自然结尾法

自然结尾法是指教师在一节课中对学生所讲的教学内容结束的时候，刚好下课的铃声也响起来。当然此种方式对于教师有着极高的要求，必须对传授给学生的课堂教学内容和结构进行精心的设计，并且只有在授课的过程中精准掌握时间和进度，才能达到预期的效果。

（2）悬念留疑法

悬念留疑法是指教师在课程结束的时候，给学生留下问题、疑问，造成悬念，以此来引起学生的求知欲望。教师在课程结束的时候，对学生设置好悬念，依据学生对于悬念的迫切心理，可以充分调动学生的求知欲，激发想象力。因此，教师对教学的内容要进行认真的研究和分析，想好要对学生设置的问题、疑问，引发学生的求知欲。

（3）知识延伸法

在一节课程中教师教学内容的结束，不应该是学生学习的结束，而应该是学生学习的开始，将结课当作桥梁，有效地引导和指引学生将学到的知识，在课外进行延伸和拓展，培养和提高学生的运用能力。

（4）归纳法

在教师的教学课程中经常运用的结课方法就是归纳法。它是在课堂结束之前，教师、学生或者双方用精练的语言对整节课程中所讲授的知识结构、重点、难点等进行总结和概括的教学方式。教师在课程教学结束时采用归纳的方式，能够为学生留下全面化、系统化的完整印象，进一步加深学生对教师传授教学内容的理解和记忆，培养和提高学生对于所学知识的综合概括能力。要注意在运用此方法的时候语言应该尽可能地精练、简洁，对所讲内容进行严谨的总结和概括，并且具有启发性和创新性。

教师在课堂中的教学内容即将结束的时候，通过精练、简洁的语言，以文字表格或者图示的方式，对所传授的主要内容、知识结构进行总结和概括，可以促使学生理清知识的层次结构，加深对外在形式和内在联系的进一步认识，从而将所学的知识内容形成知识系列和结构框架。此种方法繁简得当，具有明确的目的性和实际意义，并不是按照教学的时间顺序对学生读一遍板书标题就可以完成的。它可以对知识点进行精准的提炼，并且成功抓住外在实质和内在完整，帮助学生掌握所学到知识的重点和难点，以及全面、系统地对知识点进行总结和概括。一般情况下，教师在教学课程中传授的新知识密度比较大，或者某一单元、某一项目中最后一次的新授课会运用此种结课方式。

三、模拟教学技能

模拟教学与说课教学、讲课教学相比较，是一种虚拟实践的现代教学方式。"模拟"是按现成的样子去做，相仿相效，总结来说就是通过对事件、事物发展、发展的环境和具体过程进行模拟后虚拟再现，使学生产生一种身临其境的感觉，并且在此过程中发现和解决问题，进一步加深教师对所传授的教学内容的理解，是在短时间内快速提高学生能力的一种教学方式。

（一）模拟教学的作用

在体育教学中，应用模拟教学能够直观地展示教学内容，便于学生理解，还能发挥学生的主体性作用，提高学习兴趣，收到事半功倍的效果，对提高教学质量具有十分重要的意义。

1. 有利于提高学生的形象思维能力

模拟教学所选择的环境、过程，比较接近事件或事物发生与发展的真实情景，有利于提高学生的形象思维能力。

2. 有利于学生加深对特定角色的体会

模拟教学是为学生提供一个特定的情节，并使学生与模拟情景高度融合。学生在模拟中通过对特定情节或细节的演绎，加深对某些角色地位、作用、处境、工作要领等的体会。模拟教学中的情节或细节，应该有特点、能超越情节或细节的局限性，且能表现出事物整体性。

3. 有利于增强学生对实际问题的预测与处理能力

模拟教学让学生通过模拟事件发生、发展的每个环节，引导学生模拟事件或事物的发展演变规律，帮助学生发现潜能，找出不足，增强学生对实际问题的预测与处理能力。

（二）模拟教学的特点

1. 直观性

教师在教学的过程中，会遇到某些理论原理和知识难点，很难通过具体形象化的方式进行讲解，或者实践的方式对问题进行验证。模拟教学形象直观，环境与过程逼真,可以使学生产生一种身临其境的感觉,具有操作性、实效性和理论性。同时还具有教师在对学生授课的过程中两者注意力高度集中和投入,学生个人经验和模拟情景高度融合的特点。

2. 科学性

模拟教学的环境与过程相互作用,并且注重理论与实际的高度结合,结果明确且相对准确,因此模拟教学具有科学性。

3. 参与性

学生一般都会积极参与模拟教学;在模拟教学过程中,学生会积极投入,探索并试图解决问题,进而培养沟通、表达、相互认知等社交能力;通过模拟教学,可以使参与者获得实际工作经验,认清自身不足,有利于培养学生的集体荣誉感和团队精神。

第三章 现代体育多元教学的体系构建

随着教育事业的发展，高等院校进行体育多元教学的首要条件就是构建教学体系，充分利用并结合学校的各种资源，对体育多元化的教学理论和方法开展深入的研究和探索，为顺利实现现代体育多元化教学奠定坚实的基础。本章节对现代体育多元教学体系的构建开展深入的研究和探索，主要从四个方面进行，分别为现代体育多元教学的文化形成、方法设计、内容构建、评价分析。

第一节 现代体育多元教学的文化形成

文化从各个方面影响着人们的生存方式和生活方式，一个国家文化发展的形态和趋势，会呈现出国家经济和社会发展的状态，同时也在某种程度上决定着国家教育的理念选择和目的。也正是因为如此，我国当前的文化也会在一定程度上影响和制约着体育教学的理念。

一、体育教学理念与文化演变

（一）体育教学理念

体育教学理念在学校的体育课程、教学理论和实践中起到了引导和指导作用。体育教学理念作为体育教师授课的基础，是引导教师对学生进行教学的根本性纲领。随着科学技术和教育事业的发展，体育教师应该紧随体育课程改革的步伐，更新教学理念，丰富和创新教学的方法与内容，尽可能给学生提供多样化的体育课程。

(二)我国文化的嬗变

在中国传统文化中,道德思想在文明发展当中起着主导作用,其偏向于对人进行道德教育和思想教育,这也就导致人们容易忽视对身体方面的教育。随着国内经济和社会的发展,人们物质生活水平日益提高,开始向现代性的科学文化进行研究和探索,积极吸收和引进国外先进文化知识,并对国内的传统文化取其精华,去其糟粕,取长补短,将我国的传统文化发扬光大。总体来说,传统和现代文化互相交融,对国内的教育和体育教育产生了非常重要的影响,同时也使体育教育理念发生改变。

二、体育教学价值理念文化的形成

(一)体育教学价值理念的文化归因

体育作为一种复杂的社会文化现象,促使人们无论在身体方面,还是心理方面都可以健康发展,满足人们日常的需求,同时大幅度提高生命质量的关键需求。体育在诞生之初,就是教育的一部分。在古希腊的教育当中,体育作为重要的组成部分,对青少年进行军事和体能方面教育。文化在是人类生活的过程中创造出来的,充分反映人类文明、意志的物质和精神集合。因为不同的文化对人们的影响不同,所以形成了不同国家、不同民族以及不同社区人们的性格、心理等各种不同的价值意识。价值意识在形成的过程中受到了文化意识的影响和制约。体育教学价值理念在逻辑上是由文化产生和形成的,充分反映出当前文化中的价值需求和意识。

1. 传统的道德观念

中华文明有五千年历史,在早期受封建社会制度的影响,所以形成以儒家思想文化作为中心地位的道德价值标准取向,并且产生了极大的影响,一直到现在,这些思想文化已经深入国内的文化心理当中。虽然这些思想文化已经深入人心,但是和我国体育教学改革与创新是两个完全相反的方向,在一定程度上使得人们无法正确认识体育教学价值。因为在教学的过程当中,只注重对人们进行思想道德方面的培养,忽略了对身体方面的教育,不利于学校在体育层面的发展。

2. 传统的伦理观念

中国是礼仪之邦,有完整的伦理道德规范。我国传统文化的伦理观念,如"忠孝仁义""修身立德""三纲五常"等,不断对民众产生影响。这些观念在一定程度上对现代体育教学的观念也产生了影响。

3. 传统的教育观念

我国的传统教育观念主要以培养和提升人们在道德和智力方面的教育为主，忽略了对人们身体方面的教育。传统的科举制度和"劳心者制人，劳力者制于人"等诸多观点让人们忽略了体育，在一定程度上阻碍了现代体育文化的发展。当然，传统教育中的观念也要取其精华，如"尊师重教""良师益友""礼让恭谦"等，在体育实践活动当中要继承并且发扬光大，民族传统文化的精髓对我国体育教学价值理念有积极的影响，并且和西方国家的体育文化相互交融、补充，在一定程度上发展和提高了我国的体育教学。

（二）体育教学价值理念的文化应然

1. 以文化意识为逻辑起点

总体来说，文化意识会在一定程度上对体育教学价值的理念产生影响。我国的传统文化相对重视文化，这会制约人们在身体方面进行锻炼，学校教育中减少学生在身体方面的教育，所以文化意识在一定程度上可以决定体育教学价值理念，同时也是其逻辑关系的起点。想要从根源上改变这一现状，可以从文化意识上转变人们对体育方面的文化认识，彻底改变人们体育教学价值的理念。

2. 以经济和社会发展为依托

不同的经济和社会发展，会产生不同的思想和文化，进而产生不同的价值观念。随着经济全球化的不断发展，我国经济和社会水平快速提高，人们在体育方面的认识也越来越高，同时体育的地位也开始逐渐提升。所以，从体育教学方面来看，能够极大地促进体育教师教学的顺利开展和进行。但是，我国是一个地域辽阔的国家，各个区域的经济基础、文化背景差异很大，使得各个区域对体育的认识和关注程度也有所不同。总体来说，经济和社会发展水平对体育教学的价值观念有很大的影响。

3. 价值主体逐步转向学生

很长一段时间内，我国体育教学的价值取向主要以社会的需求为主，这样也就使得体育教学的发展只关注社会利益和需求，忽略了个体的发展和需求。随着国内教育事业的发展和改革的推进，素质教育和体育教学都在不断地深化和改革，并且体育教学逐渐从满足社会利益和需求向满足学生个人发展变化，形成了"以学生为本"的体育教学价值理念。

4. 价值目的变化

体育运动可以锻炼身体，促进人的身心健康发展，这是毋庸置疑的。体育教学的根本目的是帮助学生，无论是在身体方面还是在心理方面都能够得到全方位的发展。体育教师在以前的体育教学中只注重指标，如心率变化、运动强度等，但体育教学的价值是多元化的，包括生物和社会价值。所以，体育教师的教学应该以培养学生身心健康，以及个人的社会发展为前提。同时，这也是随着社会的不断发展而改变的。

三、体育教学中发展理念文化的形成

众所周知，人们接受教育的最终目的是为了得到发展，所以体育教学也是如此。人们对体育教学没有进行全面的研究和探索，只注重学生的全方位发展，不重视体育教师、社会地位等诸多发展问题。因为受到传统文化的影响，体育教师的社会地位较低，并且学校的管理者、家长和学生对其关注度也不高，在一定程度上降低了体育教师的职业成就感，使得发展碰到了瓶颈。需要注意的是，体育教师在教学的时候除了促进学生体质的健康发展，更应该促进学生实现全方位的发展，重视体育在学生实现全方位发展中的作用和功能。体育教学不可以只强调在相关体育知识和技术、技能的学习和传递，忽略社会认知方面的促进和发展。

随着经济和社会水平的不断提高，国家、社会对人们综合素质的需求也逐渐提高，实现人的全方位发展成了现代社会的最主要任务。同时，促进人的全方位发展也是体育教学的最终目的，评价的标准就是教育的最终目的是否实现，教育最终目的的实现又是以人的生存和人发展水平为评价标准。

四、体育教学目的理念文化的形成

体育教学目的是体育教学的根本目标，同时也是体育教学理论研究和探索的中心，以及体育教学价值理念的集中表现。我国的教育方针和思想在一定程度上影响着体育教学目的理念，并且体育教学目的理念在形成的过程中受到了我国传统文化和现代文化的影响，不断改变和完善。

我国近代体育教学目的理念多种多样，有健康论、体质论等，并且随着教育事业的发展和现代文化、先进教育理念的影响，出现了更多的领域，如成功体育、素质教育等众多教学理念。体育教学中的生物价值观正在逐渐被人文价值观所取代，从而慢慢实现体育教学自然的目的观。体育教学可以不断提升学生在运动方面的技能和知识水平，让学生充分感受到运动所带来的愉悦情绪以及成功的喜悦，促进人的社会化发展等。体育教学目的理念将指引和促进体育课程和教学改革不断地发展。

随着现代文明社会生活水平的提升和发展，人们的健康水平反而有所降低，因此越来越多的人开始关注健康，同时也使得人们对体育健康等诸多体育活动的要求逐渐提高。我国青少年学生的体质在不断下降，尤其在进入 21 世纪之后，学生体质下降的情况更为严重，这也就使得教育和全社会开始重视体育发展。为了增强学生的体质，国家出台了很多政策，加大校园在体育发展方面的投入比例，不断提升学生在体育活动方面的参与程度，同时全面促进学生的身心健康发展。近年来随着教育全球化的发展，生命化教育价值理念逐渐成为现今教育界流行的价值理念。现今，我国的社会正处于全面转型和发展的关键时候，体育教学应该充分参考和借鉴文化演变的发展历史，兼顾社会和个人发展价值，依照体育和教育本身发展的规律，取长补短，充分借鉴和参考西方国家的体育教学经验和优势，并加以创新和发展。在体育教学中，将体育中的"体"作为对象，"育"作为目的，身体锻炼作为特征，不断追求和构建"三位一体"（人文本位、教育本位、人体本位）的体育教学目的理念。

第二节　现代体育多元教学的方法设计

一、现代体育多元教学方法的选择

虽然教师教学的方式有很多种，但无论是哪一种教学方式均有其特定的功能局限性。各种不相同的教学方法之间既有区别又有联系，相互渗透和补充。面对此种情况，体育教师在体育教学的实践过程中，要从客观实际的角度出发，选择合适的教学方法，合理地组织和运用，这样才可以发挥教学方法的作用和功能。

（一）选择教学方法的依据

体育多元教学方法并没有绝对的优劣之分，体育教师在教学活动中采用不同的教学方法，就会产生不同的功能和作用。在这里需要注意的是，体育教师在考虑选择哪种教学方法的时候，需要分析多种因素对教学目标完成的影响，合理地组织和运用，并在运用的过程中充分贯彻教学方法的使用原则。

1. 教学目标

是否对体育教师设定的教学目标起到作用是衡量体育多元教学合适与否的重要标尺。知识、情感等诸多因素构成了教学目标，并且在学生的个人学习中除了有共性方面的规律，还有个性发展方面的特点，如讲授法可以促使学生得到体育方面相关的具体知识，完成体育教师的具体教学目标；演示法和练习法可以训练和练习学生的体育技能和技巧。需要知道的是，体育教师在对学生进行教学活动的过程中，教学目标不是单一的，而是由多个教学目标组合而成，因此需要体育教师合理的选择和运用。

2. 项目特点和知识形态

项目特点和知识形态对体育教师选择教学方法有着最基本和决定性的作用。体育运动的项目多种多样，这也就决定了不同的体育运动项目有着不同的特点，所以体育教师选择的教学方法和具体运用也就有所不同。面对此种情况，体育教师需要对运动项目的特点进行全面考虑，合理选择每一堂课程内容的教学方法。从知识形态方面考虑，因为知识的性质和功能不相同，所以也就导致了知识形态的不相同。依照知识的来源，可以分为两个方面，分别是直接知识和间接知识。依照知识的性质，可以分为三个方面，分别是陈述性知识、程序性知识以及策略性知识。其中陈述性知识最主要的就是对学到的内容进行充分的感知、理解和记忆等；程序性知识除了需要对掌握的知识进行充分的理解，还需要合理、科学的运用；策略性知识需要学生对获得的内容进行模仿、实践以及反省。

3. 学生的特点

体育教学的主体是学生。影响体育多元教学方法选择和合理、科学运用最为关键的因素就是学生的知识、能力、态度等诸多因素。最为直接有效的方法就是将这些因素进行完美的结合。所以，体育教学方法实施最为关键的依据就是促进学生的全方位发展。

4. 体育教师的素质和个性

由于每位体育教师都是独立存在的个体，这也就使得在技术水平、心理素质等诸多方面均有所不同，所以选择和运用体育多元教学方法的时候，会按照本身的习惯和侧重点，选择适合的教学方法，慢慢形成属于自己独特的教学特色和风格。但是，随着教学特色和风格的形成，又会在一定程度上束缚选择教学方法，进而影响学生学习的风格和人格特点，如命令式风格的体育教师会比较偏向于指导性强的谈话式教学方法；交互型风格的体育教师会比较偏向于帮助学生互动的讨论式教学方法。

(二)选择体育多元教学方法的程序

如何选择体育多元教学方法的程序,目前我国的体育专家在这一方面研究不多。所以,在体育多元教学方法的程序问题研究和探索中,通常以巴班斯基的教学方法选择程序的理论作为依据。巴班斯基作为苏联优秀且知名的教育学专家,在《论教学过程最优化》中对教学方法的最优化和优选程序进行了充分的叙述。[①]选择教学方法的程序主要有四个步骤,它们对体育多元教学方法的选择同样有效。

第一,明确选择教育方法的具体的标准和要求。主要有以下六项:一是充分符合体育教学原则和规律的标准,二是完美符合体育教学目的和任务的标准,三是充分符合体育教师教学内容特点的标准,四是充分考虑学生个性多元化发展的标准,五是体育教师针对教学目标的实现所实施的多元教学方法的可能性,六是多元教学方法时间分配的标准。这六项优选标准在教学方法的选择上共同成为一个有效整体,所以选择和运用的时候需要从整体上考虑,只有这样才可以发挥整体的效应。需要注意的是标准不可以抽象化,一定要具体化,如体育教师在选择多元教学方法的时候,依据的标准尽可能详细一些,除了将教师的教学任务、目的、时间等具体化,还要将学生的特点和教师的素养具体化,只有这样才可以准确掌握选择合理教学方法的具体标准。

第二,随着教育事业的发展,教师要紧随时代的步伐,掌握并且积累多种教学方法,熟悉不同教学方法的优点和缺点,以便于合理、科学地选择,运用时做到精心和周密的策划。需要注意的是,教学方法的分类复杂,并且多样化,所以体育教师在搜集和寻找教学方法的过程中,除了需要注意种类和数量,还需要对每一种教学方法的方式和细节有更深一步的认识和了解,如巴班斯基的教学方法分类说,称第二类为"刺激和形成学习动机的方法",下列第一小类为"刺激学习兴趣的方法",下列第二小类为"刺激学习责任感的方法"。在第一小类"刺激学习兴趣的方法"下,又列出"认识性游戏""学习讨论"等。所以,体育教师在教学的过程中寻找到的教学方法越多,对其分类和细节的了解和认识就越详细,也就越有利体育教师进行最优化的选择。

第三,在众多的体育多元教学方法中,对可供其选择的教学方法进行综合的分析和比较,促进体育教师进行最优化选择。在此过程中要做好两项工作。一是对各种具体的体育多元教学方法进行深度的分析和比较,并考虑选择和运用的可行性。其中纵向坐标为体育教师具体的教学方法,横向坐标为"形成""发展"

---

① 巴班斯基. 论教学过程最优化 [M]. 北京:教育科学出版社.2001.

等功能，进行分析和比较。其他如"语言法""游戏法"等都以"坐标"的形式，进行分析和比较。二是深度分析和比较可供选择的多种教学方法的适用范围和条件。体育教师在选择教学方法的时候，对"语言法""练习法"等不同的教学方法进行深度分析，它们各自"最适应学生的特点""最适应具体的时间标准"等。

第四，在顺利完成以上三个步骤之后，在此基础上体育教师需要进行全方位的思考，并且充分结合教学目标、内容等情况，从多种教学方法选择出最适合的教学方法，已达到体育多元教学方法选择的最优化。

二、现代体育多元教学方法设计的策略

在体育教师教学的过程中，教学方法具有重要作用。体育多元教学方法的设计和运用是否合理，和体育教学质量的高低有着非常紧密的联系，同时也和教学效率水平的高低有着不可分割的关系，判断着学生在一堂体育课程中学习是否目标完成。

（一）体育多元教学方法多元化策略

体育技术和战术具有复杂的特性，所以体育教师在教学的过程中不应该只是选择一种或者两种教学方法，而应该选择多元化的教学方法。一方面，体育技术和战术所具有的复杂特性，要求体育教师在选择教学方法的时候需要全面考虑，选择多元化的教学方法。众所周知，无论是哪一种教学方法，其本身无法获得效益，它的运用均由体育教学体系中众多因素的组合来确定，并且这些因素是选择和运用体育多元教学方法的基础和前提。所以，体育教师在选择教学方法的时候需要进行全方位的考虑，依据学生的个性和学校本身的教学条件，应因人而异，合理、科学地选择和运用。教学方法是否有效，与体育教师应对复杂体育技术和战术动作的能力有最为直接的关系。体育教师想要达成有效教学的目的，需要在实际的教学活动实践中熟练地运用多元化教学方法，并且在过程中检验其有效性。另一方面，体育多元教学方法并不是万能的，也有局限性，所以要求体育教师在教学的过程中对学生进行综合性的教学。不同的教学方法有其特定的使用范围和优缺点，无论是哪一种教学方法均是不可通用的，所以体育教师在教学的过程中，采用一种或者两种教学方法是很难完成当初设定的教学目标的，只有合理、科学地运用多元化教学方法才能够完成目标。

体育多元教学方法的多元化并不是多样化，虽然两者词意相近，但是前者是达到后者的必要条件，不应该只是放在一起进行综合运用，而是应该做到合理、

科学的运用。只有把众多体育多元教学方法进行互相渗透、补充和促进，才能快速并且高效率的完成体育教师设定的教学目标，实现有效教学。体育多元教学方法有很多，每一种教学方法都有其特定的使用范围和优缺点，只有在特定的情况下才可以发挥出作用，所以体育教师在对学生教学的过程中，要进行全方位的考虑，从实际情况出发合理、科学地利用不同教学方法的优点。因此，需要对体育多元教学方法的多元形式进行深入的研究和探索，不断对其多元化的规律进行总结。

将对体育多元教学方法进行加工和处理的原则作为标准，可以把其综合形式分为静态式体育多元教学方法和动态式体育多元教学方法。静态式体育多元教学方法以其本身特性作为加工和处理的原则，换句话说，它是从体育多元教学方法的自身特性出发进行的多元化。动态式体育多元教学方法以其内部众多要素作为加工和处理的原则。

（二）体育多元教学方法的最优化策略

合适的教学方法和正确运用实际是两个教学阶段，衔接这两个阶段的中转过程极其烦琐和复杂，并且体育多元教学方法的选择恰好就在这一复杂的中转过程当中。依据学校现有的条件和实际的情况，如何才能选择出合理、科学的体育多元教学方法？参考标准是什么？世界各国的优秀学者针对这些问题，有不同的观点，如我国和苏联的优秀学者比较关注优选标准的系统性，其他国家的部分学者比较关注优选标准的操作性。在教师实际选择的过程中，无论是优选标准的系统性，还是优选标准的操作性都很重要，均需要考虑到。因此系统性可以帮助教师对整体进行掌握，操作性可以帮助教师了解教学过程中的实际操作，两者结合才可以将现代体育多元教学方法的作用充分发挥出来。体育教师只有对优选的标准了若指掌，才可以在选择和运用教学目标、教学内容等诸多要素的时候进行充分的思考，发挥出整体的效应，实现最优化的目标。所以，体育教师在选择体育多元教学方法的时候需要参照上面的优选标准进行合理、科学的选择，只有这样才可以在保证其整体性的同时得到有效的选择和合理的运用。

（三）体育多元教学方法的现代化策略

随着科学技术水平的不断提高，如幻灯片、电子计算机等现代化教学手段的出现，为体育多元教学方法的发展提供了平台。其中随着信息技术水平的不断发展，专业化、系统化和智能化在体育教师教学的过程中起到了很好的辅助作用，如多媒体教室的教学视听设备等，均为学生提供了良好的发展机会，同时也给学生提供了强大的动力支持。

体育教师在教学的过程中把现代科技作为教学的媒介使用，并且进行广泛传播和推广，可以极大地改善和扩大学生在体育场中的空间和时间知觉，不断提升学生在体育方面的意识，如通过现代教学方法，把现实生活中的语言、动作信息和电脑中的文字、动画等巧妙结合，形成多样化和交互式的学习氛围，为学生提供生动的模拟教学效果，提升学生学习的主动性和积极性。

部分美国的优秀学者曾提出，体育教师在对学生教学的过程中，假如可以合理、科学运用现代计算机技术发展的先进成果，那么学生在学习的过程中学习的主动性和积极性，学习带来的高兴和喜悦感，学习的动机，发现和解决问题的能力等均会产生很多正面的影响和变化。已经有相关的实践和研究证明，体育教师在对学生教学的过程中运用现代化计算机技术发展的先进成果，除了大幅度提升体育教师的教学效率，还可以增加学生的体育知识和实践机会，充分调动学生学习体育知识、技术和技能的主动性与积极性。所以，在现代科学技术快速发展时代背景下，将体育多元教学方法和现代科学技术完美结合，可以更好地为体育教学服务。

（四）体育多元教学方法的个体化策略

个体化指体育教师在对学生教学的过程中进行全方位的考虑，依据学生的实际情况，因人而异，不断挖掘学生潜在的运动能力，同时提升自我训练和自我管理的能力。每个学生都独立存在，有学生喜欢体育运动，就有学生不喜欢体育运动，而且喜欢的程度也各不相同。学生在学习体育基础知识、技术和技能的时候，因其差异化，呈现的学习兴趣和能力也就各不相同，同时再加上学生自身和外界环境的影响，也就导致了学生对教学方法接受程度的不同，这些因素在一定程度上影响着学生学习体育知识、技术和技能的效果。因此，体育教师在教学的过程中需要认识和了解这些差异化，并且可以逐渐地适应，只有这样才可以促进体育教学合理、有效的发展。

时代在发展，社会在进步，体育多元教学方法应该紧随体育教学改革的时代步伐，呈现出更多时代性的特征。其中体育多元教学方法个性化的创新主要体现在两个方面。首先，体育教学中重视学生个体活动的体育多元教学方法，如协同教学法、掌握学习法等，比较偏向于对学生参与教学过程的培养。虽然上述提出的体育多元教学方法没有着重强调学生个体化的学习活动，但是基本上兼顾了学生的分工、合作等诸多方面。团队合作是学生整体团队化的必然结果，分工协作是学生由个体到团队的个体成熟化活动。教学方法的个体化除了改变传统单一的教学方法，还改变了学生接受教师传授知识、技术与技能的被动局面，同时大大增加了学生在体育上活动的时间和空间，进一步调动学生学习的主动性。其次，体育教师在对学生教学的过程中，要增加对现代多媒体教学技术手段的使用，使得师生之间的互动形式多样化，充分调动学生在体育课程中学习的兴趣。其中信息传播的手段，改变了师生之间的互动方式。学生可以从实际情况出发，规划学习的进度，这已经超越了传统意义上教师、学校等给予的时间和空间的束缚，逐渐实现体育课程教学的个体化发展。

（五）体育多元教学方法自主化发展策略

随着现代信息化科学技术的快速发展，人们需要紧随时代发展的步伐，不断接受和储存新的知识点，因此学生需要接受和储存的信息量是巨大的，这对体育工作者是一项重大的挑战。随着社会的不断发展，如何才能有效地适应？教师怎样才可以教会学生紧随时代的步伐，并且更新自有的知识体系呢？《学会生存——教育世界的明天和今天》由国际教育发展委员会与联合国教科文组织共同出版，其中书中的观点表明了必须对学生进行技术训练，除了恰当地运用语言，还要科学运用各种不同的学习方法去进行详细的诠释，因此需要人们改变传统的教学方法等观念，将引导学生自学作为重心，并在此过程中使学生慢慢认识到，教师教学的目的是让学生学会自学，自己教自己，成为真正的学习主体，此种技能也是人们生存的技能之一。

随着教育事业的发展，学会自主学习和生存是现代社会对体育人才的特殊要求，因此体育教师在对学生教学的过程中，需要从学生全方位发展的方向去考虑，充分使学生认识和了解自主学习在成长过程中的作用和意义，从而进一步培养和提升学生独立思考、训练和生存的能力。需要注意的是，体育教师需要运用合适的教学方法去培养学生的自主学习能力。一般情况下，学生要储备三种自主学习的策略，它们分别为元认知、认知和资源利用，并且时刻准备着，对这三种策略只要有需要就随时启用，所以对学生的知识储备就有了更高的要求。体育教师在对学生授课的过程中，要有意识地灌输给学生这三种策略，因人而异，培养和提高学生灵活运用这三种策略的能力，促使学生养成主动学习的好习惯。

(六)体育多元教学方法合作化发展策略

合作化指的是将合作法作为基础。随着教育事业的发展,体育多元教学方法在自身的体系当中,开始慢慢关注各种教学方法动态要素间的密切合作关系,以求达到一种动态的生态平衡。此种合作将各种教学方法的优势充分结合在一起,除了可以大幅度提升学生的体育运动技术、战术的水平,以及相关的体育运动理论知识储备,还可以培养和提升学生的团结合作、同力协契等良好的道德品质。社会在发展,时代在进步,现代社会对多元化人才的要求也越来越高,所以学生除了需要具备高水平的技能战术之外,还需要有合作的意识,以及善良的品质,便于带动其他人,进而可以大幅度提升整体的价值认同。

合作学习法作为一种新兴的教学方法,在很多国家盛行,具有合作性意识的特点。它最初提出来的意义是为了培养和提升学生的合作意识,因为倡导者感觉这是一个具有强烈竞争的社会,强烈的竞争让人畏惧,个体的力量从来都是渺小的,人们想要生存和得到强劲的发展只有团结合作。虽然很多人认为体育学生是"三高"(高技能、高情商、高素质)人才,但是大多数在团结合作的意识方面表现较差。面对此种情况,体育教师在对学生教学的过程中应该给予学生正确的引导,不断强调、培养和提升在合作共赢方面的意识,促使学生通过合作学习的方式,慢慢感受合作技能的提升,同学之间珍贵的友谊,以及关心和被关心的快乐,进而意识到合作才是顺应时代和社会发展的人才需求,成功促进学生自身合作和竞争的正面发展,同时这也是众多体育工作者在对学生的实际教学过程中,重点培养和提升的精神。

第三节 现代体育多元教学的内容构建

一、现代体育多元教学内容的选择

在体育教学当中,应当在充分考虑到学校的运动场地与周围的自然环境等因素的情况下满足学生所需要的个人的发展需求,在体育教学中要充分运用与体育健康相关的知识与运动技能,帮助学生进行学习与运用。

教学内容是帮助教师将相关知识传递给学生的媒介,有着举足轻重的作用。体育教师在选择教学内容的时候,一般情况下可以在现代体育教学的特点的基础上充分吸收前辈的教学经验,并对已有的与体育技能相关的理论进行甄选,完成教学内容的确认。

（一）按照体育课程目标进行选择

现代的体育多元教学在选择内容时，体育课程目标是重中之重。体育课程目标可以规范多方的专业学者在多方面的认真考量下进行体育多元教学内容的选择，能够有效地减少影响正常教学的因素的出现，体育课程目标是在对体育教学内容进行选择时的方向指引。

（二）按照学生的需求进行选择

学生是体育教学内容的接受者，这就需要体育教师在对多元教学内容进行选择时必须要认真考虑涉及的教学内容是否符合现阶段的学生情况，能否帮助学生满足其对于体育的需求。这些前提条件能够有效地帮助体育教师在进行体育教学时更好的输出教学内容，帮助学生更好地学习，提高学习效率，获得更好的学习效果，在充分激发学生的学习兴趣之后就能够使学生更加积极地参与到教学内容的获取中。

一般情况下，对于学生而言，兴趣就是最好的老师，兴趣能够帮助学生更好地提高学习效率。对于学生而言，在获取知识的过程中，如果无法从中得到乐趣就会降低学习的积极性，从而导致学习效率降低，教师也就无法实现教育的意义。在调查中发现，学生对于体育活动与体育锻炼的兴趣要远远超过对体育课的兴趣。经过研究发现，相较于各类体育运动，学生对体育课没有太大兴趣的原因是体育课自身在进行现代体育多元教学时没有做到充分调动学生的兴趣，教师选择的体育多元教学内容过于乏味，这就需要体育教师在进行教学之前充分了解学生的课堂需求，只有通过教学内容充分调动学生的学习兴趣才能实现体育教学的效果。

（三）按照社会发展的需要进行选择

在个体发展上无一例外都要联系到社会，这是所有学生都要面对的，所以说体育教师在进行现代体育多元内容的选择时必须要以社会现实发展作为参考。对于体育教学的内容选择，需要考虑多方面的因素，要能够与社会需要相结合，使其能够作为坚实的基础帮助学生更好地在社会当中发展。

二、现代体育多元教学内容的发展趋势

（一）注重终身体育意识的培养

形成终身体育观念并对其进行培养，对学生的未来发展有着极为重要的作用。学生选择学习的体育技能与体育知识，以及对于体育运动的态度都对其能否养成终身的体育目标有着难以撼动的作用。由此观之，在进行教学内容的实施时要有目的性地关注其自身的健身性、文化传承性与娱乐性，对于运动项目的选择，要从终身价值与运动性强之间进行选择。

（二）注重体育运动的规律性

体育运动本身具有规律性但是却不具有逻辑性，所以说在对现代体育运动多元教学内容进行探究时不必过分深入地研究其自身的逻辑性。所以说，在进行现代体育多元教学内容的选择时应当在充分考虑到各类体育项目自身的规律性，因为体育教学的对象是学生，所以需在最初选择学生所喜爱的体育项目，充分调动学生的学习积极性。在满足能够吸引学生兴趣的这一条件之后，要保证教学内容是能够适应时代的。教学内容不仅要紧跟时代潮流，牢牢抓住学生的兴趣，还要根据不同年龄段的学生进行不同内容的教学。

（三）注重教学主体发展的全面性

体育教学的教学内容在以往的传统教学模式下呈现出十分单调、僵硬、刻板的形式，曾经的体育教学项目多数为跑、跳、投等形式，在测试之后体育教师会根据学生的运动表现给予相应的评价。在近些年的体育课程改革之后，体育教学的大纲顺应时代发生改变，为实现学生身体素质的协调发展，在体育教学中开始严格落实"素质教育"的教学概念。在进行体育课程改革之后，学校在对学生的现代体育多元教学内容进行选择时需要担起更大的责任，对于相关内容的选择不仅要满足上级对于"素质教育"的要求，还要保证学生自身的运动水平、身体素质与心理素质都能够均衡且健康地发展。

（四）不断引进民族特色项目

现代体育多元教学内容的选择不仅要与时俱进，还要能进行相应的创新，吸引学生对于体育运动的兴趣，因为大多数学生较为喜欢一些有趣味性且能够提供给人新鲜感的体育运动项目，所以学校可以在体育教学中适当地添加一些在原有的体育教学中没有出现的体育运动项目，方便充分调动学生学习的积极性。

在校园开展的体育运动项目中，我国的一些较为传统的体育运动项目并没有现有的各大球类运动与田径项目更有吸引力与影响力。对于学生而言，校园中不常出现传统的体育运动项目，自然也就对其没有足够的熟悉，所以体育教师可以在教学中根据教学情况安排一些能够引起学生学习兴趣的民族体育项目。

三、现代体育多元教学内容构建的策略

现代体育多元教学内容构建的策略主要可以分为以下六点：

（一）树立教学创新观念，注重创新人才的培养

在我国的学校教育内容中，体育教学占据着比较重要的一部分。体育教学活动可以帮助学生学习体育和卫生知识，通过参加体育活动可以使其身体强健，提高自身健康水平。在体育教学当中还可以帮助学生摒弃旧的体育锻炼的观念，树立正确的、顺应时代的体育价值观。体育教师在传授现代体育多元教育理念之后可以帮助学生更好地适应体育运动并被之吸引，从而养成终身体育的意识。体育具有教育与娱乐的功能，体育教师可以主动地对这些功能进行研究与开发，从而帮助学生更好地培养自己的思想道德品质，以及加深学生对体育文化本质的认知。体育教师可以通过体育教学将体育文化传授给学生，使其成为学生沉淀文化底蕴的极为重要的基础之一。为帮助学生了解体育文化、学习体育文化，从而深入认识体育文化，在之后的体育教学当中，体育教师就必须对学校中体育工作、体育教学以及与体育教学相关的政策等加深了解。为提高体育教师的思想道德水平与相关认识，并及时更新自身关于体育教学的理念，各大主管部门与所在学校就必须有目的、有途径地帮助体育教师进行相关知识的学习与技能的培训。具体可以表现为体育教师可以利用各种碎片时间进行学习，学习的途径一般可以通过现代社会极为方便的互联网，在手机的各类知识型软件上进行与体育相关的内容的获取，在学习中不断提高自身关于体育课程的认知水平。

（二）加强场馆设施建设，强化管理制度

学校若要开展体育教学活动，就必须为学生配备可以使用的体育相关的设施与器材，只有在实现了物质保障之后才能够更好地开展教学活动。对于需要进行的体育教学活动，学校需要为其配备相应的场地、设施设备。但是，现阶段一些学校的场地、设施设备都不足以支撑体育教学的需要，这是一个亟待解决的问题。随着我国深化教育制度改革，学校招收的学生人数暴涨，大多数学校的班级人数

已经严重超出了教育部规定的人数。

随着教育制度改革，我国的教育主管部门在很早之前就已经注意到了对学校所需的体育场所设施设备的建设，在不断地建设当中，建设的规模与水准也在不断地扩大和提高。但是，与现阶段学校接收的学生人数相比，体育场所设施设备的建设规模已经很难满足教学需要。全国大多数学校的体育教学所需要的体育场所设施设备相对而言稍显不足，这是一个较为普遍的问题。在历史遗留因素的干扰下，现阶段的一些公立学校相较于近年来建造并投入使用的私立学校稍显不足。所以说，在体育运动高速发展的今天，学校与相关的主管单位应该在严格调研现有学生规模的情况下对体育运动项目与体育教学课程进行投资，使得经过改善之后的体育场所设施设备能够更好地满足体育教师的教学要求，满足学生的学习需要。作者认为可以将建设学校的体育场所设施设备作为学校领导的年度考核中的硬性指标，以此督促学校领导改善学校的体育教学条件。校领导要有专人负责体育场馆设计建设中的所有建设内容的建设方案，通过设置专人对其进行管理与维护，专职的工作人员要严格按照体育场馆中规定的管理制度进行日常的维护工作，要设立周期性考核并推行奖惩方案，选择合适的时机对相关工作人员或者场馆的负责人进行知识技能的培训，确保包括体育场馆在内的所有公共设施的完好率与使用率。

（三）开发、利用体育课程资源

体育教学体系中最重要的部分就是承载信息的教材，可以在体育教学工作中为体育教师提供详尽的科学理论与完备的实践依据。体育教材的编写不仅要实现对学生相关体育技能的传授，还要在进行体育教学时对学生进行心理素质的培养，重点培养学生的团队精神与创新思维。通过体育锻炼培养出健康的身体素质，养成强大的心理素质就是现阶段学校体育教学工作所要完成的任务，也是体育教学教材需要编写的内容。学生在进入社会之后还能有继续进行体育锻炼的技术基础就是因为学校体育教学中的教学内容，这也是全民健身运动需要进一步达到的。在学校里，体育教学使用的教材大部分为编制极为规范的教材，在具体内容方面只传授给学生体育锻炼的专业技能以及在进行体育锻炼中所需要的安全知识，但是没有包含体育文化的讲解，学生没有办法从教材中学习到体育文化。大多数情况下，学校并不注重体育教育，学校供给学生使用的运动场地规模较小，体育教师难以组织学生完成一些场地需求大、技术含量要求高的体育运动，这就使得学生难以对体育教学内容感兴趣，从而难以形成运动习惯，无法深切地理解体育文化。为满足学生的体育运动需求，学校应当积极听取学生的意见，在组建相关的专业团队之后，以全民健身运动为背景，以《体育与健康课程标准》中的规定为依据，根据当地特有的体育文化编写出适合当地学生学习的体育教学教材。

在学校的体育教学体系与结构组成中至关重要的一部分就是在进行体育教学时的教学手段与教学方法。体育教学的内容在不同的历史时期有着不同的思想内涵与教育理念，根据各个历史发展时期社会氛围的不同，体育教学中使用的教学方法与教学手段也不尽相同。只有使用合适的教学方法、科学的教学手段，确立正确的教学目标，才能实现素质教育与体育教学改革。体育教师在进行教学时，多数情况下使用的是较为传统的教学方法，只有在试图激发学生对于体育活动的学习兴趣与学习灵感的时候，才会选用一些具有现代化与科学性特征的教学方法与教学手段，从而实现学生与教师之间的互动交流。为保证教学工作的有序进行，体育教师可以在互动交流中了解学生的需求，根据学生的反馈安排之后的教学活动。体育教师在进行体育教学时要顺应时代潮流，采用互联网技术将传统教学与现代教学两种教学方式进行结合，总结体育教学的内在规律，在教学过程中引导学生独立思考，激发学生的学习兴趣。值得注意的是，以互联网为基础的两种教学方式结合的教学方式十分考验教师的教学能力，它需要教师不断地充实自己，积极学习新知识，提高自身教育能力。为保证体育教师有足够的能力有效实行先进教学方法，学校应当积极选购相关教学设备，增加相关预算。在学校的支持下，体育教师的教学能力将会得到强化，从而使先进的教学方法在体育教学中能够得到更好的运用。

（四）成立体育兴趣小组，开展校园体育活动

为了丰富学生的课余体育生活，可以组建体育兴趣小组，不仅能够增加学生参与体育活动的机会，还能够有效激发学生的运动兴趣。想要参与体育活动的学生可以根据自身喜好与兴趣选择适合自己的兴趣小组，作为课余文化生活的一部分，创建体育兴趣小组不但能够开拓学生的课余生活，还能通过体育运动保证学生的身体健康，真正实现了对学生积极乐观的生活心态的培养。组建体育兴趣小组，组织学生根据自身兴趣选择参与，引导学生积极参与体育活动，培养健康的身体素质，营造良好的校园体育文化氛围，推进校园文化建设，实现学生体育运动的可持续发展。

（五）创设良好的多元教学情境

20世纪80年代末期，一种名为建构主义的新思潮开始在西方社会兴起，这种思潮主要表现为，从有别于现在的视角对现有的知识、学习与教学的观点和看法进行阐述。对于认同这种思想的人来说，知识是由个体建构出来的，它本身具有适应性、社会性、情境性与复杂性。对于这些人来说，学习并不是从世界中发现意义，而是个体在日常生活中通过各种行为方式建构意义的过程。体育教学主要是为了建构环境，帮助学生更好地参与教学活动，寻找知识的答案。

教师、学生、教学内容、开展教学的环境共同作用在体育教学活动中，影响着体育教学的进程。但是，对于以前的体育教学而言，体育教师只是一个忠实的教材知识的传递者，必须严格地将教材中预设的静态知识对学生进行传授，在这一过程中，学生只能被动地接收。在现代教学观念的影响下，教学模式发生了巨大的变化。其中，认为教学本身具有不确定性，并不能事先进行预设，要将知识以动态的形式进行传递，这就是多元教学观，是教学观念的重大改变。在多元教学观念指导下，体育教师不再是体育教学活动中的被动执行者，逐渐成为学生的引导者。在教学过程中，学生能够积极响应体育教师的教学工作，主动建构知识、发展能力等。

多元教学观极为重视体育教学环境，这种观点认为，只有在外界环境和谐的情况下，学生才有足够的自由对所学知识进行质疑与批判，而且不害怕因此犯错误。在这种宽松的环境中，学生的学习思维是灵活的、学习意愿更为主动，没有严格限制可以使学生的创新思维得到有效激发。在教学过程中的师生互动、教学内容都是体育多元教学所重视的。在体育多元教学的环境下，通过双方或多方的交流对话等形式得到的教学内容属于体育教学内容，是现阶段体育教师、学生能够改善自身的生存状态，体现自身的价值的重要前提，是隐性的教学内容。值得注意的是，这些隐性的教学资源在大多数时候并不是通过教师授课传递给学生的，而是通过一些非言语的交流方式在一些特定的体育多元教学情境下得到的。这部分体育多元教学内容在师生之间的传递十分依赖体育多元教学情境。所以说，创建一个良好的体育多元教学情境是进行体育教学内容传递的一项必不可少的措施。

（六）提高教师素质

自1978年12月以来，我国的社会文化空前繁荣，经济建设发展迅速。传授知识、教导学生、传播文化与思想是教师的工作，展现一个有着良好的社会道德的形象，做学生的榜样是教师的责任。教师这一职业具有特殊性，一般表现为可以直接或间接地影响学生的身心健康与思想价值观点，严重的可能会影响学生的意识品质塑造。体育教学活动中首要的任务就是建立起一支优秀的体育教师梯队，在教学过程中，体育教师是最为重要的领导者，学生是这一过程中的主体。作为人类灵魂的工程师，教师在个人品德方面应当有着极为高尚的道德操守，这是教师的根本，是体育教学活动的根本出发点。在教学过程中，教师的一言一行都会影响到学生的生理与心理。所以说，体育教师在进行体育教学活动的时候需要注意，既要传授知识，又要引导学生实现人生应有的价值追求，塑造自身优秀的人格。学校及教育部门应当注意体育教师个人的师德培养，通过各类培训活动对体育教师进行思想品德教育，帮助体育教师端正自身的教学态度，完善教学理念，提高自身的教学觉悟，培养其在教学中的责任感，帮助体育教师更好地获得教学中的自豪感。

第四节　现代体育多元教学的评价分析

一、体育教学评价的分类

（一）诊断性评价、过程性评价与终结性评价

布卢姆教授是任职于美国芝加哥大学的著名教授，他认为教育改革应当是重要且紧迫的。他指出，在尊重个体差异化的基础上更加重视个人的综合能力表现，并对其进行弘扬与发展。布卢姆用三个步骤描述了教与学的发展经过，即教学任务开始、教授课程、教学所要达到的既定效果。而上述三个步骤用评定方式解释，即教学任务的开始是诊断性评定，教授课程过程为形成性评定，教学效果对应终结性评价。[①]

1. 诊断性评价

在开学前或者每个新学期开始的时候最适合进行诊断性评价，这是为了初步了解学生在最开始具备的知识基础与起始水平，通过考察，确认学生掌握的知识技能的水平，根据考察结果可以方便教师合理安排之后的教学任务。布卢姆还认为，学生自身的身心状况与外界的环境因素都会影响学生的学习状态。在开始教

---

① 布卢姆. 教育目标分类学 [M]. 罗黎辉，译. 上海：华东师范大学出版社. 1986.

学活动之前，教师有义务了解学生的知识掌握水平，在了解到不同学生的实际状况之后就可以合理设计教案，制订和执行教学计划，有了详细的数据支撑，就可以使教学内容完美照顾到每一位学生，从而达到完美的教学效果。

2. 过程性评价

过程性评价一般情况下会使用于检查实时教学效果的时候，这种评价方法相较于其他的教学方法更加注重形成性和奖惩。过程性评价没有严格的要求量，有着灵活的表现形式，这种评价方法对教学期望与学生实际反馈的评估检查比较好，但是那些学生在学习过程中的实际表现与原因探究就有着不小的困难。受制于它的片面性与局限性，这种评价方式一般情况下只能作为补充性评价。

3. 终结性评价

基于社会规范效应原理，通过使用固定且严谨的测验流程对学生进行考核的方法被称为终结性评价，这种评价方法的对象一般情况下是处于一种被动接受的位置。终结性评价与过程性评价相比，并不注重学生的个体发展，甚至于达到了完全忽视的地步。终结性评价与过程性评价各有优缺点，两者相结合就可以实现优势互补，在教学工作中具体表现为不仅实行期末考试，还有日常的测验，这就能够有效地活跃课堂学习氛围，极大地优化了课程教学模式。这种评价方式在使用过程中不但没有提升学生的综合能力，反而抑制了学生自身的个性化发展，这种结果是与最初制定该种评价方式的初心相悖的。对于学生自身的发展方向来说，不同的个性能够产生极大的作用，有着深远的意义。为提高个人的综合素质，总是要诉诸教育，这就使得学生可以更好地适应社会与社会中的工作。在体育教育专业，现今依然对终结性评价有着过多依赖，完全不注重对学生个性化的培养，这就与教育评价的目的必须要服务于教育结果产生了极大的偏离，学生只能盲目地追求分数，全然忘记了学习的目的，终结性评价的方法就不能说是有效地服务于教育结果。在教育事业中对教授课程经过的考核评定有着极为重要的地位，这种考核评定对教育的调整功效、反馈影响等有着极为明显的效果。所以说，在进行足球教学过程中，这三种评价方式要齐头并进，缺一不可。就比如最开始确立教学任务的时候，需要先对学生个体的情况进行了解，之后再根据了解到的信息合理地安排教学计划、教学内容等，在教学中协调处理好学生的个体差异性。经过三种评价方式的配合，教师可以对学生的学习情况进行一个及时而合理的了解，学生也可以根据评价结果了解到自身的优势与弱势，根据反馈的结果进行弱点方向的强化。

这三种评价方式根据自身的侧重点不同能够使用于不同的教学阶段。其中诊断性评价主要使用于事物正式发展之前，可以使用此种评价方式对该事物进行提前了解，初步认识到该事物的特点、差异性、规律等情况；过程性评价适用于相关人员想要获得一件事物发展的意愿结果时，可以使用此种评价对事物在发展过程中的情况进行数据采集，根据收集的结果对其进行选择性的人为干预，最终获得完备的结果；终结性评价一般适用于对最终成果进行检验的时候，从事物发展过程的整体进行分析评价，根据评价结果提供最终成绩或者评论参考。

在对学生的最终学习分数进行评定时，不同的教师会选取不同的评价方式，一般情况下会采取多种评价方式中的一种或两种，几乎没有同时使用这几种评价方式对学生进行评价的教师。在受访的教师中，一般情况下，大多数教师会采用终结性评价对学生的成绩进行评定，还有一小部分教师会采用终结性评价与过程性评价配合的方式对学生进行评价，得出最终分数。占比最少是通过终结性评价与诊断性评价的方式对学生分数进行评价的教师。仅仅通过终结性评价的方式对学生的学习成果进行评价并不能完整地展现学生实际的学习成果，为保证最终结果的严谨性，可以通过对学生进行过程性评价与终结性评价的方式进行整体考评，两种评价方式可以在一定程度上相辅相成，保证考评结果的严谨性。

（二）定性评价与定量评价

定量评价与定性评价相比，在形式上更加固定，在操作上更加方便，所以这种评价方法被大多数教师采用。定性评价在一般情况下只用于能力考核中，这种评价方式不够客观，很大程度上会受到主观因素的影响，最终导致评价效果不尽如人意。大部分教师选择通过纸质试卷的考核方式对学生的理论知识进行考查，比较少的教师会选择课堂提问与作业的方式进行考核，从技术层面上来讲，多数情况下也是通过定量方式进行的。大多数学校实行的就是对于学生完成的教学内容规定掌握的技术测试进行打分的模式。这种考核形式比较欠缺灵活度，无法充分调动学生对于学习的兴趣与积极性。总而言之，目前的考核形势依然呈现出一定的单调化与片面化倾向。

二、现代体育多元化教学评价的创新策略

现代体育多元化教学的评价需要进行创新，只有改变原有的评价方法、评价标准、评价主体，才能够推动评价方式的创新。作为体育教学创新的动力，评价的创新就意味着评价的目的就是想要通过评价这一行为来促进教学质量的提高，从而促进教师与学生的全面发展，这种评价并不是为了选拔人才，也不是为了惩

罚教师。经过创新的评价不再是静态存在的，它是由教师与学生主体共同参与的，是一个动态的过程。总而言之，要想实现这种评价动态化的转变就需要根据实际情况采取相应的创新方式。

（一）发展性评价策略

对于体育教学评价的创新应当是基于"以人为本"这一价值观的，要重点关注教师与学生主体作为"整体的人"的发展，统合整理教师与学生主体的生活世界与科学世界，进而寻求学生主体知识的建构。

1. 树立教师发展理念

体育教师的教学任务不同于以往的教学任务，这是意象直面生命主体的活动，是使用生命点燃生命的活动。体育教师的发展不仅仅是对有着功利性质的物质的满足，也不仅仅是为了在教学过程中实现心灵上的满足。为了实现以教师的发展为本，就需要为体育教师提供可以个人展示的平台，使得教师可以通过自由而富有创造性的劳动实现自身的发展与完善。值得注意的是，以体育教师的专业发展和教师的精神提升为导向的体育教学评价是整个体育教学创新中的重点。体育教学的评价应当以注重发展为导向，强调评价形成性功能的发挥。传统的体育教学评价经常会忽视个体自身目标的达成，目的仅仅是奖惩、选拔、甄选，评价的依据也是根据被评价的人的过去与现在的表现，过于强调学校与班级这种组织层面上的目标的实现。对于体育教学工作的创新应当时刻关注体育教师在当前时刻的工作表现与工作状态，有根据的以现有基础与体育教师的个人发展为目标，可以对教师进行教学层面上的指导或者为其提供合适的进修条件，以此实现体育教师工作能力的提高，进而通过体育教师自身的发展来促进学校未来的发展，从而实现了体育教师个人的专业发展与学校的未来发展相互协调。

相比于外部压力，自身的内部动机更能给体育教师提供激励作用。要怎样在挖掘与推动体育教师在获取足够的教学反馈信息之后，积极地启动内部动机，是衡量体育教学水平是否达到了优良的关键之处。所以说，应当鼓励体育教师积极主动地参与到体育教学评价中，在这些评价中获得相应的有用信息。

2. 以学论教，以学生的发展为评价核心

在教学过程中，整个体育教学评价中的重点就是学生评价。体育评价应当积极听取学生的心声与意愿，做到以学生为本。学生作为教学内容的接受者，对于课程的好坏是最有发言权的。所以说，要在整个体育教学评价过程中时刻关注学生评价。对于体育教学的创新就是将学生看作是处于发展过程中的个体，是活生生存在的，他们有着不同的特点。学生作为学习的主体，也是评价的主体。对于评价，不管是来自于教师还是学生都必须以学生为本，正确看待学生自身的差异，在对其进行评价的时候需要从多个维度进行。这种体育教学评价是以学生评价为核心的，通过将单一的教师评价转变为教师评价、学生间的互相评价、外界评价等等具有多元性质的评价的结合，将学生从被动接受评价的位置转变为主动参与评价的人，将体育教师在评价中的位置由裁判转变为与学生一同参赛的合作者的身份。

3.重视发展性评价的正面导向作用

对于大多数学生来讲，体育教学评价对于自身的学习行为有着非常强大的影响作用，体育教学评价在一般情况下十分强调在发展观上的创新，尽力将体育中一些有血有肉、有个性的人作为自己的评价对象，通过客观公正的评价促进学生全面发展。不同学生有着不同个性需求，需要通过评价进行因材施教，对学生的不同发展过程进行评价，通过评价激励学生不断进步、努力进取，完成自身的远大目标，根据评价的积极反馈，合理制定体育教学的方向。

（二）自我接受评价策略

充分重视学生在教学评价中的重要作用是创新体育教学评价的一个重点，自我接受的评价在某种程度上就是由评价者主动建构价值的过程，值得是在最终这种评价的结果能够对自我产生价值，而且这种价值一定是自我选择的结果。

自我接受评价策略主要有以下四个特征：

第一，互动性评价。互动性评价提倡双方进行交流，将双方的评级进行连接，这就需要使由自我主动参与的自我评价接受来自外界的自我的评价，通过相互合作确定体育教学过程中需要的评价标准、评价内容以及评价结束后需要达到的目标，对于评价结果如何处理等情况。

第二，个别化评价。评价是为了能够使学生了解到自身的优缺点，对其进行改善，改变自己不正确或者没有效率的学习方法，对于体育教师来说，可以通过评级反思自己的教学方法。个别化评价的方法通过个别化、有针对性地对个别的教学参与者进行评价，根据教学参与者内部的需要可以对其进行个别化的反馈与支持。

第三，将教学的标准设定为自我接受。在进行体育教学的过程中应当设置一定的标准，不应该以时间作为基础，教师与学生可以根据事先设定好的标准决定是否进入下一个教学阶段。自我接受指的是使标准适应人，不应该强行要求教师与学生一成不变地适应标准。

第四，自我接受指的并不是严格按照旧有的体育标准不进行任何改变，而是在自我更新的基础上的接受。自我接受需要在现有的体育标准中不断地引入新的、适应时代变化的、适应个体的评价标准，通过在其他评价主体的评价中获取新的评价结果，实现不断发现自己的不足的目的，根据这些评价及时更新自己原有的教学策略。

（三）标准生成化策略

体育教学的评价标准问题一直以来都是体育教学评价中最为重要的一个环节，这是因为评价客体的复杂性和评价所依据的价值标准的多样性，它自身具有一定程度的导向功能，可以将其作为评价创新中的核心策略。在对各项的评价指标体系进行设计的时候就需要详细考虑和发挥指标在体育教学创新中的导向作用。有效地体育教学、创新的体育教学的等都是由评价者通过评价标准的生成化策略进行明确的。所以说，在现代体育教学中标准化的生成策略逐渐受到了更多的教育研究者、决策者、实践者的关注。

1.综合多种学习理论建构评价指标体系

体育教学评价主体对有效教学的看法与认识会产生体育教学评价标准。将不同的学习理论从不同的理论前提出发，可以对体育教学的有效度产生对应的标准。从行为主义的角度可以发现，学习这一行为是通过建立起刺激与反应的连接。教师在教学过程中的目的是为了向学生传递客观知识，而学生从教师处获得相应的客观知识并达到教师在传授知识之时所要求的达到的目标。需要注意，这种教学方式在教学过程中极度忽视学生的理解和心理过程，所以经常受到非议。认知主义主要表现为强调学习者先前认知结构的作用，非常重视知识的加工过程与学习理解过程。美国的心理学家奥苏贝尔就认为，体育教学的首要目标就是需要指导学生进行有意义的学习。这里所讲的有意义的学习并不仅仅指学生需要掌握在体育教学过程中遇到的重要技能与重要战术，而且需要能够理解这些技能与战术自身指代的实际内容，即事实、概念、规则、原理等。心理学家奥苏贝尔认为，需要在体育教学中对有意义的接受学习进行强调。其中，体育教学评价指标应当对教师是否合理地组织教学内容进行考察，教师需要将自己为体育教学组织好的、有顺序的、带有结论性的材料提供给学生，体育教师要有意识地在教学过程中使用不同的教学策略进行，确保学生能够获得有意义的学习体验。美国的教育心理学家布鲁纳强调发现学习，他认为在发现学习当中，教师不能够直截了当地将学习的内容与结论传授给学生，而是应当有目的性地对学生进行引导，为学生提供教学重视和使用的问题情境，教师在问题情境中需要扮演学习的促进者的角色，学生需要在这种情景中进行发问，利用自身的努力获取资料解决问题。作为认知主义中的一个重要的分支，建构主义更加强调学生的主观认识，它更加重视建立一个对学生可以主动探索知识有利的情境。

在评价的侧重点上，不同的评价理论表现得并不相同，但是每一种已经成型的理论在某种程度上都有着其不可否认的优势。评价创新的第一步就是我们在思考时代背景的时候选择和整合多种理论基础所带来的能够确立的评价标准。

2. 完善体育教学目标体系评价标准

体育教学评价的范围比较广，一般可以分为静态的体育教学要素与多元动态的体育教学环节两个方面。在静态的体育要素一般情况下是指教学过程中的目的、内容与方法；在多元动态的体育教学环节一般情况下是指围绕着静态的教学要素展开的诸多环节，其中包括最初的备课，之后的上课，甚至于是技术指导或者课外辅导等。可以使用一定的评价理念作为指导，从这些评级内容中形成评价的标准，要严格以体育教学目标为依据进行。之后要更为注重过程性行为目标标准的设计与完善，改变传统的评价标准，严格摒弃重视结果性目标、忽视过程性行为目标的现象。

3. 设置多元动态开放的评价标准

传统意义上的教学评价在评价方面过于重视"教"的方面，对体育教学的外显因素较为关注，不注重对体育教学创新的把握，更为重视"教"的各个环节，因为是按照各环节设置的相应的标准，所以在进行评价的时候对于区分主次、把握要点有着极高的难度。这就导致了传统的体育教学评价方式不利于在整体上引导体育教学的创新。与体育教学异曲同工，体育教学评价过程也应当是一个多元动态的开放过程。

第一，体育教学评价的标准需要随着教学的发展不断地进行合理的补充与完善。多元动态开放的提案与教学空间对于体育教学评价标准有着一定要求，具体表现为要求其具有多元动态生成性。对于所谓的开放体育教学空间，一般表现为三个维度：其一是体育教学不应当只是局限在体育场地内，还应该走出狭义的体育范围，有意识地向周围发展，向着课外探索，开阔学生的视野，使学生能够接受更多、更有意思的锻炼；其二是在体育场内，室内的摆设与环境建构等都是动态的，所以应当首先进行因地制宜，这将会对学生的创新发展有着显而易见的影响力；其三是要给予学生足够开放的心理空间与思维空间，这会使学生的思维开放、心态放松，更能够实战自身的才能。因此，体育教学评价不应该是僵化的，要与时俱进，不应当困在传统意义上的体育空间内，要有意识地在大课堂的背景下创设新的多元评价标准；最为重要的是，不要囿于教材中，要打破旧有的评价标准的束缚与限制，在已有的评价的基础上不应当停滞于评价过程中的某一点，力图在教学过程中按照实际情况对教学评价标准进行合理范围内的补充与修正，并通过不断地修改、补充、修正等工作，最终使得教学评价标准越来越充实，越来越科学可靠。

第二，对于体育教学评价来讲要有开放的视野。体育教学评价的主体指的是来自于多方面的参与人员与教学管理人员。在如今的全球化浪潮与多元文化的大背景下，评价应当是开放的、多角度的，不应当局限于一家之言，不应当以自我为中心，否则就使得评价结果与事实相悖，不能够很好地反映体育教学中的真实情况。

第三，在进行体育教学评价的时候需要注意与课外的联系。传统的评价标准一般情况下局限于教师与学生之间体育内的行为表现，使得教师与学生不注重体育外的行为表现，这就使得部分教师在进行课程讲授的时候牢记教师的品格，为人师表，却在日常生活中没有了对自己的严格要求。部分学生在学校表现为乖孩子的形象，一旦回到家就变成了"混世小魔王"。所以说，多元动态开放的体育教学评价不仅在课堂实行，还应当从课堂内延伸到课堂外，将教师与学生的课外的表现也收录在评价当中。

第四，创新体育教学评价标准的权重。对于体育教学的评价，不仅要创立新的体育教学评价的标准，还要为各项标准提供合适的权重。在选择增加权重的时候要选择那些有利于体育教学创新、对教师与学生的发展有积极作用的指标。就比如可以通过减少知识传授的绝对量的权重，加大教学过程中的教师与学生的交往度、学生的学习体验、思想品德等的权重，从而改变在体育教学中过于重视技能与知识传授，对学生的情感、态度、价值观等方面忽视的现状。可以通过适当地减少及格率的权重，加重进步率的权重的方式改变体育教学中过于重视优等生、强调及格率的现状。还可以对体育教学效率的评价指标进行权重的加重，将单位时间内的教学效果评估进行加强，从而改善为了教学质量而牺牲教师与学生休息时间的不良现象。

（四）信息化、服务化评价策略

在对体育教学评价的创新中可以选择信息化与服务化的评价策略。选择信息化、任务化评价策略时，一旦被评价者获得了足够的信息与有用的建议之后就能够轻而易举地达到预期的水平；与之相反的是，一旦被评价者没有能够获得足够的信息与可供选择的机会就会很难达到想要的教学目标。经过实践证明，学生在学习过程中也是一样的，经过体育教学评价得到的信息能够及时准确地反映出学生的学习热情。同样，体育教学评价的信息呈现出公平、公正、科学、合理就能够为教学活动中的各个环节提供坚实的支持。

当然也不应将体育教学评价仅仅作为鼓励学生学习或者对学生学习成果进行成绩判定的手段，它自身也具有提供信息的作用。值得注意的是，每一次的评价都是对被评价者的一次潜移默化的教育与引导，体育教学评价在教学活动中有着极为重要的服务作用。因为传统的体育教学评价有着种种缺陷，就造成了体育教学评价在一定程度上失去了其自身应当具有的对体育教学的积极导向的作用。所以说，体育教学评价应当重视评价的信息反馈作用与服务教学的作用，能够做到帮助教师更好的反思与对自我教学技能的完善，这不仅有利于教师在之后的教学中更加精益求精，还有利于学生规范自身的学习行为，帮助教师与学生的创新思维进一步发展。

传统的体育教学评价具有局限性，使得评价主体单一集权。在传统的评价体系中，评价主体一般情况下就是学校领导，这种单一的评价有两个弊端，一是评价者自身的主观意志会影响评价结果。二是评价者与被评价者缺乏有效、深入、长时间的了解与沟通，使得信息交流呈现单向性，难以实现评价的"互补"。所以需要执行新的评价方式，即多元合作的体育教学评价模式，使得学校领导、教师、学生等都能参与到评价中，使得评价结果更为客观与科学。

（五）多元合作评价策略

主体多元合作就是为了使体育的评价与现有的评价相比更加客观，通过将来自于不同层面的群体作为体育评价主体，能够充分、全面、深入、综合性地了解不同评价人的信息，从所有评价者的不同视角进行了解评价结果可以更加有利于体育教师服务教学。

1. 建立评价的主体体系

可以将专家学者、教师学生、学校领导等都纳入体育教学评价的多元评价主体群中，从而可以充分了解各方的意见与建议。在对教师教学进行评价的过程中起到主导作用的是教研部门、行政部门、教学专家；对学生学习进行评价的过程中起到主导作用的是教师，起到配合作用的是家长与其他的社会力量。总而言之，为保证教学评价的公平与公正，对于教与学的评价都必须有教师与学生的参与，这样才能更有利于教师与学生的进步，从而使得体育呈现出持续创新与发展。评价主体的多元是评价多元的前提，其中"授权"就是指将传统意义上的评价行政权进行分配，使得更多的人员可以参与到评价活动中，它允许和信任教师与学生能够对自身做出公正与公平的价值判断。《中华人民共和国教师法》中规定："考核应当客观、公正、准确，充分听取教师本人、其他教师以及学生的意见。"这就是对于教师进行自评的法律上的依据。这部法律还明确规定了教师与学生有对自身进行评价的权利，这种评价还可以影响外部的评价结果，对于体育教学可以采用多主体的形式对教学进行评价。

第一，学生评价。这类评价包括两个方面：一方面是学生自评，另一方面是学生互相进行评价。学生自评是指需要学生对自身的学习过程以及学习成果进行总结与评价，根据自己在之前的某一学习阶段的表现进行评价。对于学生的自我评价，教师有义务对其进行帮助与指导，这可以帮助学生更容易发现自己的不足，可以进行针对性的训练与改正。让学生成为评价的多元主体之一，也是一种民主的表现。学生评价主要通过各种访谈、调查问卷等方式对体育教师教学的目标、组织、方法等方面进行多元评价，从而进一步提升教师的教学效果。

第二，自我评价。这是一种常用在多元教学评价中的实践方法。通过教学管理者的授权，教师可以对自己的教学做出科学、公正的自我评价，是教育管理者对教师的最大程度的信任与关注，这种评价方式有利于激发教师的主人翁意识，更加有利于引导教师参与到多元教学评价中，有效提升教学积极性。体育教师一般通过以下三种方式进行自我评价。首先是在进行自我分析时以自身的实际情况进行评价，其次是在进行自我评价的时候与同一教研室的其他体育教师在多个方面进行对比，最后是通过其他人对自己的评价进行自我评价。因为在评价上存在有尺度与角度等问题，这三种评价方式各有其优缺点。所以当体育教师在面对其他人的评价的时候，既不能盲目地相信，也不能盲目地反对，可以从评价者的角度审视自己，看这种评价对自己是否合理，有则改之，无则加勉。体育教师可以选择那些有可比性的体育教师同事与自己进行对比，只有这样，对自己的评价才足够的合理。

第三，同行互评。这种评价方式可以作用于教师之间，是能够体现民主的一种评价方式，它还是多元评价的重要主体之一。可以使用听对方讲课或者查看对方的教案进行教师间的同行互评。其中，听课评价是指可以在被评价教师进行体育课教学时，评价教师与其一同到达运动场地，在其教学过程中，评价教师需要对其教学情况进行详细的考察，由此可以得出有效的评价。听课评价的方式是最直接的，可以直观地了解到不同的教师对于体育教学的优劣的反馈，可以帮助体育教师不断地发现自身在教学过程中的小问题并进行改正,从而提高自身的教学水平。教案的诊断就是指可以通过对体育教师撰写的教案中的教学目标、教学方式、教学内容等方面进行全方向、多方面进行评价,这种评价方式可以帮助教师在或获取相应的修改建议之后更有效地进行教学。

第四,专家评价。作为体育多元教学评价体系中的补充环节,专家评价一般是诊断性评价。这种评价方式是指通过聘请一些专家学者对体育教师的体育教学进行评价与指导,这就能够使体育教师更好地发现自身的问题,积极地解决问题,从而提高自身的教育质量,使得评价更为客观、公正、公平、科学。专家评价更为客观与真实,能够从一个较为客观的立场上对体育教师进行评价,评价结果也更为坚实可靠,这些评价不仅能开阔教师的视野,还能够使教师更准确地对自身的教学问题与教学现状得出更为科学的判断并对教学薄弱处进行修改完善,专家评价还能够有效引导体育教师形成一定的教学风格。

2. 形成多元合作的风气和机制

多元合作的体育教学评价方式必须形成是一种长期、有效的评价习惯,将体育教学实际与之结合,对相关方案进行制定,形成一种合作评价制度。在评价过程中,整个评价体系强调的是合作与交流,从而将体育向着相互信任、共同进步的方向努力。

首先,需要尊重多元主体。对于体育参与者来说应当以积极主动的心态对参与体育教学评价的多元主体表示欢迎与尊重,为参与体育教学评价的多元主体提供安全的心理环境。

其次,激发多主体的评价热情。要想充分调动起多主体的评价热情就必须让各个主体充分感受到评价对于自身的重要性。比如,对于体育教学评价,体育教师应当抛弃自身的裁判性质的评价方式,鼓励学生参与到评价中来,引导学生之间进行评价。体育教师在教学中要时刻保持自己的主导与主体地位,鼓励学生可以客观地对体育教师进行评价,使得教师可以通过种种评价了解到学生的需求,由此可以帮助教师更好地获得前进的动力,增强自身责任感。

最后,形成定期与不定期进行结合的评价制度。体育教学评价的目的并不是检查,它是体育教学的一部分,是为了发展。定期的评价会使得各方面可以进行评价的主体有足够的准备时间;不定期的评价可以使各评价主体能够更为自然地提供评价结果。所以说,定期与不定期的评价方式进行结合运用是现象的较为完美的评价制度。

（六）"对话—交往"评价策略

这是一个多元的时代，具体表现在价值、文化、信息等方面，在评价领域不能通过强制性的行为方式试图将评价结果达成一致的认识。"评价即对话"是现如今这一个价值多元时代的体育教学中教学评价的必然，在现代体育教学评价中应当以内"对话—交往"的评价策略。

1. 在评价中建立多重对话关系

矛盾产生于多个方面，一些对立的矛盾会产生在教学评价者与教学参与人员之间，或者是调查者与被调查人员之间，这种矛盾并不是简单的"非此即彼"的"敌我"之间的矛盾。这场对话是一场"多"对"多"的形式，被评价主体、评价对象都是"多"，其中评价主体就包括学校领导与教师等，评价对象包括对教学教师的评价，对学生的评价，教学过程中的体育气氛评价，等等。所以，体育教学评价是一种"多"对"多"的对话。

2. 为长期的多元对话提供平台

体育教学评价并不能立刻将体育教学中所有的问题清除，体育教学是一个多元动态的活动过程。教学评价作为一个常态化的工作，应当建立一个经常性的渠道来进行多个主体之间长期有效的沟通交流，实现"对话—交往"评价策略。

第一，搭建多层次的评价平台。在学校环境中，需要由体育教研室主任定期邀请所用体育教师开展例会进行交流，在进行例会的过程中，所有体育教师可以一起进行备课与评课；在信息化时代可以开设与体育教学相关的教学论坛，所有体育教师都可以在论坛上对某一问题进行探讨。在体育环境中，可以有教室定期开展总结会，参与会议的学生可以自由地对体育教学进行评价；还可以在校园中或者互联网上设置信箱与留言簿进行交流。在互联网中开放教学资源不但能够增进学习效果，还能够使教师与学生可以匿名对体育教学进行发自内心的评价。

第二，鼓励形成对话习惯。评价的目的就是为了帮助被评价人更好的进步，这就需要评价人与被评价者进行有效的正面交流，如果不进行正面的交流就会造成评价的误判。所以，在进行体育教学的过程中，要习惯性地进行对话交流，积极开展对话交流活动，使之形成习惯，这样就可以帮助双方更好的解除误会，减少不必要的冲突，使评价更为客观。

第三，消除权威，为了使对话更真实。对于创新体育教学评价来说，需要为其创建一个可以实现多重价值共存与交流的平台，在此建立起长期、稳定的对话协作机制。由于在一些行政权力远远大于教学权利的地方，对于教学评价总是自上而下的，这种评价机制就使得评价失真，下方的声音很难传达至主管部门。在进行评价的过程中，我们需要倡导不同的人能够自由地传达出自己的声音；但是，在实际应用过程中，还是只有一个声音说了算。因此，在进行评价的过程中需要多方进行有效交流，使得多种价值主体能够相互碰撞，在不断交流的过程中消除固有的评价标准在体育教学评价中的绝对权威性。与此同时，还需要鼓励与提倡参加体育教学的学生加入评价中，为其提供能够自由交流的对话渠道，这样就可以在多方面的努力下得到最为自由、真实、公正、公平、科学的评价。

第四，将"对话—交往"评价策略用于评价实践过程。评价一定会涉及价值，因为在体育教学领域中多元主体的价值大多数是经过相互之间的融合与协商的，这就使得对体育教学评价的过程成为一种协商与对话的过程。这种对话过程可以分为以下三种形式：

首先，以访谈为主的直接对话。这种对话方式可以通过参与观察与直接访谈两种方式。其中，参与观察就需要体育评价者深入到被评价者的活动领域内部，评价者需要直接观察被评价者自身所处的环境，当时的种种行为现象，通过评价者的心境去了解被评价者在当时的心境与思想感受。访谈主要是通过体育评价者与被评价者直接进行对话实现的，这样可以收集到评价者需要的第一手的研究资料。

其次，以问卷调查的形式为中介的间接对话。可以通过问卷、表格等形式进行书面上的收集评价信息的方式，这种间接对话的形式是评价者与被评价者以问卷作为媒介实现的。这是一种较为坦诚的作用于纸面上的交流形式，这种问卷形式的交流与访谈交流相比有着更加易于统计的量化数据，与此同时还可以反映出被评价者在情感上的一些信息，这种问卷调查的形式可以有效避免直接访谈中评价者的情绪效应。比如，在评价过程中会出现一些有着否定意味的问题，或者是一些访谈不宜设计很多新界性的问题等。另外，若想要更好地反映被评价者的真实想法可以使用非结构型问卷，这种问卷可以有效地补充评价者在评价过程中所忽视的问题或者评价维度。

最后，将多种评价方式融合在一起的综合性对话。这种综合性对话与上述的对话形式相比更能反映出对体育教学评价的真实性与公正性、公平性等。不管是访谈还是问卷等形式的评价都有其自身的不足，虽然都只是体育对话中的一种具体形式，但是在使用过程中或多或少都会有涉及不到的地方。所以，可以认为以上任意一种单一形式评价资料的收集方法都不会得到最真实、最准确的评价结果。

第四章 现代体育多元教学的有效实现

有众多因素能够决定体育教学功能是否可以顺利实现，对这些因素进行详细且深入的分析就可以了解到现代体育多元教学的实现方法，使得体育教学功能的最大化可以实现。本章将会对现代体育多元教学的有效实现进行深入探究，主要从以下三个方面进行论述，首先是现代体育教学的科学理论，其次是现代多元教学的角色关系，最后是现代多元教学的组织实施。

第一节 现代体育多元教学的科学理论

一、现代体育多元教学的生理学基础

（一）左右脑分工理论

现如今，对于大脑的研究理论认为，人的左脑与右脑在日常生活中有着不同的功能作用。人的左脑主要负责一些与逻辑思维相关的工作，如与语言等相关的工作；人的右脑主要负责与情感相关的能力，如涉及与音乐等相关的能力。在传统意义上的体育教学课程中，教师一般情况下会使用固定课程，而且学生也是盲目而机械地进行学习，这种学习行为在整个学习过程中使用得最多的就是左脑，用来完成逻辑活动。要想使与情感相关的右脑也能在学习中工作，就可以在体育教学中使用多元教学的方式，从而使学生在学习过程中可以产生不同情绪反应。由此可知，体育多元教学可以使学生完成左右脑交替工作，这种教学方式不仅可以使学生在学习中的效率更高，还可以使学生对体育学习更有兴趣，能更主动地参与到学习中。

(二)神经激活理论

在多元教学理论中有一种理论叫作神经激活,该种理论认为每个人的神经在被激活之后都会有特异神经与非特异神经实现传递感受的功能。总而言之,与原来相比,情绪会有明显的加强。一般理论认为,精神在神经间进行传递的时候是通过非特异性神经实现的,人对于知识的获取是通过特异性神经实现的。现阶段就可以通过体育多元教学法对学生的特异性神经元与非特异性神经元进行激活。从而可以激发学生对于体育学习的兴趣,还可以提高学生在体育教学中参与的主动性。

二、现代体育多元教学的认知心理学基础

(一)情知教学论原理

作为心理学理论之一的情知教学论是体育多元教学模式中的一个理论基础。情意因素与认知因素是这个理论中的两个类别,其中情意因素主要包含有情感与兴趣等,认知因素包含有感知与记忆等。可以通过使用情知教学论将这两种因素进行结合考虑。在日常生活与学习中,只有在相应的多元中才能使学生产生特定的情绪反应。然而,体育多元教学模式的应用就可以实现这一目标,教师可以利用情知教学论专门为学生设置一个能够产生特定情绪的多元教学模式,这样就可以使学生在上课的时候不仅可以认真且细致地学习知识,还可以使自身的情绪反应更加深刻,对项目的情感体验更加深刻。通过这种教学模式,学生对于体育运动的积极性得到了有效增加。

(二)心理生活空间原理

德国心理学家K.勒温提出了"心理场"的概念。他认为所有的心理活动都发生在特定的心理空间之中。[①]这种心理环境概念指的是我们在日常生活中会有一定的感知,这份感知会在特定的时间将其中的一部分存于我们的内心,于是就构成了一个特定的心理环境。但是这种心理环境对于每一个人都会有正反两个方面。体育多元教学模式的原理就是根据能够给学生产生的正面影响。在教学过程中,教师可以通过设定一个特定的多元教学模式来改变学生在课堂上的心理环境,从而使其产生了与之相对应的情绪反应。体育教师通过这种方式构建的课堂与传统方法相比会令学生感受到更多的美感与情趣,由此使得学生可以将更多的情绪

---
① 库尔特·勒温. 拓扑心理学原理 [M]. 竺培梁, 译. 杭州: 浙江教育出版社. 1997.

参与到里面，更会因此使其更为主动地进行体育与运动学习。

（三）暗示导向原理

在过去，传统的体育教学方式一般使用机械的教学方式进行内容指导，由此会使学生在这种教学模式下变得缺少思考、缺少创造力等，但是多元教学法改变了这一情况。体育教师在进行体育多元教学的时候可以通过设定一些特定的多元活动课程帮助学生更容易地融入里面去，这样不仅可以锻炼学生的思维能力还可以使学生更真切地感受到更多的情绪变化，从而可以将最饱满的热情投入学习中。总而言之，这种方式就是使用间接的方法实现教学目标。在心理学中，这种教学方式被称为暗示的作用。心理学家洛扎诺夫认为，一切能够影响到心理的都是暗示。由此可见，体育多元教学模式明显可以影响到学生的心理。

（四）角色效应

体育教师需要在体育多元教学模式下为自己与学生创设不同的角色，这些角色的设定不仅需要符合体育多元教学中的多元的概念，还需要能够为最终的教学目标服务，同时需要学生可以很好地代入自己的角色，产生情感层面的共鸣。学生会因为强烈情感驱动更加积极主动地参与到课堂体育知识的学习中。最重要的是，在体育多元教学模式下，进行角色扮演的学生会充分感受到自己所扮演角色的情感变化，甚至其他同学也可以通过对角色扮演场景的观察在无意识情况下将感情融入其中，能够对学习的内容有更深的感受。总而言之，体育多元教学模式使学生自身的状态从被动地无意识接受，到积极主动地参与其中，能够使学生对于体育运动有更为深刻的认识。想要达到这一目的，体育教师在对多元角色进行设计的时候就需要考虑到角色自身的属性必须是积极向上的，要符合学生身心健康发展的特点。只有这样，学生才会对处于光环下的角色产生兴趣，就会从原来的被动接受到主动参与。

三、现代体育多元教学的社会学基础

体育是一种文化，其教学活动是一种社会文化的传承与发展的现象。课程和教学与社会学、文化学有着千丝万缕的联系。作为教学论的重要研究基础，教育社会学对学校课程与教学有着不可忽视的影响。

（一）功能理论

功能理论也被称为结构功能主义。其中，功能理论的基本观点就是认为社会是由许多个不同部分相互组合构成的一个相对稳定和持久的结构，社会结构的各个部分在社会整体中都有着各自的功能作用。社会因价值的共识而得到整合，从整体上看，某一个部分的变化可能会影响到整体的结构，但是这一个结构变化不会破坏社会结构在整体上的协调与平衡，对于这样的结果最关键的因素就是在当今社会中存在着共同的价值观与社会观。随着时代的发展，社会在不断地变化，但是社会总是处于一个稳定且和谐的状态。

对于教育的功能的解释，法国社会学家迪尔凯姆认为，教育在本质上是社会性的，教育的主要功能并不是为了发展人的能力与潜能，而是为了社会的安定和谐。[1]根据他的教育功能论，教育就是为了传授给学生共同的价值观与社会观，提供给学生自身欠缺的社会规范与社会结构，帮助学生个体实现社会化，从而使社会保持安定和谐。

一位名叫帕森斯的美国著名功能论学者认为，家庭和学校班级都应当被纳入社会体系的范畴中，这里的社会体系指的是能够被体系内成员分享的社会共同价值观。如果体系内的成员都开始不认同这个共有价值观的时候，这个社会体系就会无以为继，最终瓦解。所以，如果要形成社会体系，其中最重要的条件就是将主要的价值观念进行统一。该理论学者认为，人属于社会体系中一个比较重要的角色，人所饰演的各种角色有了分工合作就会出现社会机构，人们的生活方式是由社会机构决定的。[2]比如在教育工作中，校领导、教师与学生的角色是由教育机构决定的。在社会生活中，由于客观原因，男女在功能方面有着一定的差别，各自饰演的角色也不尽相同，在进行体育课教学时应当加以区分，与之相同的是，对于学习效果不尽相同的学生，教师可以采用不同的学习计划，使用更具有针对性的教学方法。由此观之，学校的课程教授过程中，教师需要将学生从自然人转向社会人，帮助学生明确自身在社会中的角色定位。

（二）解释理论

由现象学、知识社会学、符号互动论、俗民方法论、拟剧论等社会思潮共同构筑的解释理论，也被人称为互动理论。在这之中，知识社会学与体育有着极为密切的关系，符号互动论与体育教学有着极为密切的关系。在进行体育教

---

[1] 迪尔凯姆. 社会学研究方法论 [M]. 胡伟, 译. 北京: 华夏出版社 .1988.
[2] 米尔斯, 帕森斯. 社会学与社会组织 [M]. 何维凌, 黄晓京译. 杭州: 浙江人民出版社 .1986.

学的过程中要注意以下两个要点：首先是对体育教学中的体育教师与学生如何构建、解释并控制教学过程的问题，要严格关注教师与学生之间的人际互动过程。其次是要重视学生与教师在体育教学中的作用，对学生与教师在体育课上扮演的角色与行为表达进行解释。在对体育情境进行分析的时候一般情况下使用以下三种概念：

第一，符号，语言作为最基本的符号主要在体育教学中用于沟通。

第二，自我概念，在社会交往中的学生会在不断地反思中逐渐形成自我观念。

第三，对于情境的定义，指的是学生对于自身所处的社会情境的解释。

在体育教学过程中，教师与学生对于课堂情境有着不同的理解，这也是造成课堂教学效果不同的重要因素。最后是社会互动，指的是在社会中个人与个人之间或者一个群体与另一个群体之间的交互活动，在课堂教学过程中有着各种形式的互动，无论这些活动的结果是好是坏都直接或间接影响着课堂的教学秩序。

对于体育教学研究十分突出的就是兴起于20世纪初期的符号互动论，这一理论是由美国社会学家米德创建的，在第二次世界大战之时得到了迅猛发展。这一理论大多数情况下应用于课堂教学研究之中，主要可以表现为以下四个方面：

第一，同一个课堂情境对教师与学生会有着不同的意义。所以，教师与学生的课堂生活十分丰富与复杂。

第二，这一理论还认为体育的教学过程是一个人与人之间进行互动交往的过程，这一过程比较强调教学对话、阐释教学、教学沟通、协商教学与教学交往，这是一个社会控制过程。

第三，体育教学过程是一个舞台，教师与学生将会扮演不同的角色在这个舞台上进行表演。

第四，在体育教学过程中，其本身并不是语言交流过程，在进行教学时，体育教师主要使用无声的动姿与静姿，还有有声的辅助语言与类语言等。对于这一理论的研究能帮助我们可以有效地进行体育教学改革。

若要研究体育教学问题，应从社会文化的结构、形态、演变、发展、创生等方面进行。值得注意的是，体育教学对于社会文化有着传递与复制的作用，体育教学在对社会文化进行传递与复制的时候必然会受到社会意识形态的制约，所以说，若要对体育教学的问题进行研究就必须将社会学流派的思想观念作为研究的基础。

第二节 现代体育多元教学的角色关系

一、现代体育多元教学的角色关系概述

（一）角色及其一般特征

角色这一概念本来是应用在戏剧舞台上的专业术语，之后被借用到了体育教学中。在传统戏剧中，角色这一概念有两层含义，首先是指某一个演员在对一个特定角色进行扮演的时候需要严格按照剧本中的规定实现角色的言行举止。进而将其转化成为一种客观化的社会行为规范与模式。另外，角色自身是超越于人的存在，不会因为扮演者的消失而消失。在戏剧中，角色这一概念是超越个人的，抽象化的一种纯语言的，能够独立于个人而存在的。[1] 戏剧中的角色这一概念与现实生活中个体的存在之间有着一种较为特殊的内在联系。

在人文社会科学的很多领域中都有关于角色的研究，比如在社会学、心理学、文学等方面。从整体上看，对于角色进行研究时，研究对象一般情况下是社会中人际关系领域中的家庭角色、社会身份角色、职业角色等一些特定情境下或者时空场域中的人物身份与角色。在对角色这一概念进行研究的过程中，研究的内容或研究视角一般情况下体现在角色认知、角色定位、角色扮演、角色游戏、角色冲突等问题的发现与分析上面。大多数情况下，只能在社会实践中人际交往的基础之上才能够得到对于角色研究的理论与成果。在对角色进行众多研究之后，经过研究总结可以得出以下三个与角色相关的内涵与特征：

第一，角色本身是可以在现实生活中找到原型的，因为这些角色本身就是以社会生活中的一些具体的实践作为设计的基础。由此观之，在社会中的大多数文学作品中的人物角色都能够在现实生活中找到与之相似的影子，甚至文学作品中的角色就是现实生活中的多个个体的高度集合与抽象化。不管是家庭角色，还是职业角色，又或者是社会角色，都是社会生活中的重要组成部分。我们可以认为，在社会生活实践中，"角色"是建立在社会分工的基础之上的，是一种能够集合各种社会实践与社会关系在社会生活中的人际关系领域的体现。

第二，角色与角色认知有着密切的联系，这是一种集体意识与社会观念，经过很大程度的简化之后被社会中的大多数人所接受。这种被人接受的集体意识与社会观念在一定程度上代表着社会整体上的一种概念意识或者刻板印象，这种印

---

[1] 奚从清.角色论：各人与社会的互动[M].杭州：浙江大学出版社.2010：3-14.

象主要是以一种理念进行规范或者对人的行动加以制约，作用对象是特定的身份、行业等。举例说明，母亲角色的背后就是家庭角色，教师角色的背后就是社会职业角色，这些能够具体表现的角色、母亲、教师等，都是集体对相应的家庭角色与社会职业角色的认知与期待。具体可以表现为，社会中的人们认为母亲的这个角色应当表现出来母亲特有的道德品质，例如温柔、慈爱等；教师这个角色应当表现出丰富的知识、高尚的师德等。值得注意的是，社会中的每一个出现的角色，其本身的社会身份都是单独的个体，其本身会被社会赋予由集体认同的期待与社会规范。这些认知的推广会使得之后的年轻一代在迈入社会之后又会被这种集体认知引导，并加深这种集体认同的期待与社会规范。如果在年轻一代迈入社会中出现某一个体的角色做出了不符合其本身的角色行为，依据于角色行为规范，就会出现多种多样的角色认知失调或者角色冲突，当出现这些冲突的时候，就会引起一系列的不稳定因素的连锁反应。由此可见，社会中的角色定位在某种意义上可以看作是社会上对于不同角色的分工，由此可以建立起社会认同，值得注意的是，建立社会认同涉及了多种多样的领域。

第三，随着社会整体上的发展，对于角色自身的期待与要求也在不断地变化。随着人类自身的技术革新与理念进步，社会整体对于某些特定群体的认知与期待也在不断地变化中。比如，儿童观与儿童角色的发展与演变就是随着社会整体的发展而变化的。在中世纪或者更早之前的西方社会，人们普遍认为儿童与成年人并没有区别，他们之间没有一个可以明确的年龄界限，当时的人们对于儿童成为成人的唯一要求就是能够掌握语言，又因为一些思想家对儿童关注并发表相关言论，人们才开始重视儿童，并逐渐认识到儿童是需要成年人进行保护的幼小群体，是未来社会的希望，是自身有着无穷潜力与无限可能的一代人。人们逐渐将保护儿童纳入共识，将儿童与成人信息进行区分，保证儿童获取的信息能够给儿童带来积极影响。人们会为了儿童创建专属的生活环境，为其提供良好的教育资源，后来还将保护儿童权利写进了国家法律，将其作为国家的集体意志。在当今的社会中，信息技术得到了飞速发展，儿童能够从各种角度、各种地方获取信息，在这之前建立的能够将成人与儿童进行区分的信息与知识壁垒已经土崩瓦解，人们对于儿童这一由人类进行划分的概念逐渐消解与消逝。在人们对于儿童这一角色的观念看法与角色自身的发展与演变的过程中，可以明确地发现，角色与角色意识具有可变性与相对稳定性。

（二）角色理论

作为一种研究人类个体在社会人际关系中的角色扮演与活动规律的理论，角色理论是建立在对社会与舞台、社会行动者、舞台角色进行比较的基础之上而形成的一个理论体系，这种理论认为其中心概念就是角色扮演，值得一提的是，角色扮演与互动过程是密不可分的，这充分体现了个体与社会之间的联结点。其中，很多领域的研究者将角色的概念进行了大范围的推广，将这一概念充分融入了社会生活中的各个领域。在这些研究者中，有一位名为米德的研究者认为角色概念主要是对自我与他人这两个角色之间的相互关系进行强调，他认为自我的概念是个体在学习扮演他人的角色之后，在自我反思的基础上发展起来的。[1] 另一位研究者林顿在他的著作《人类研究》中明确指出，人自身的地位是由权利与义务进行组合之后得到的，角色自身显示的是个体地位的动态方面。对于一个独立的个体来说，一旦他被赋予了某一个社会地位，他自身就会拥有与这一社会地位相关的其他的地位的联系。一旦拥有社会地位的个体在生活中行使这一权利，他就是在对某一个社会角色进行扮演。这些研究者中的戈夫曼在经过仔细研究之后创建了"戏剧理论"，他将角色作为对人类社会行为进行研究的一种方法，从而使得角色成为对人际交往与人际关系进行分析的一个重要的概念。在此之后，角色这一概念在伴随着社会发展进行演变的过程中被广泛地用来对社会关系与社会结构进行分析。

在现代社会心理学与社会学研究中角色概念与角色理论是一个重要范畴，对于角色的概念，在不同的领域有着不同的定义，经过总结分析可以大致分为以下两种观点：一方面是社会学中对于社会角色的观点，这一个观点十分关注个体角色的社会身份、社会关系、社会规范与社会地位。这一观点认为，在社会系统中，每一个角色都有着一套较为完备的权利义务与行为规范体系，相应的角色应当按照这一个行为规范进行活动。另一方面是社会角色的社会心理学观点，这一个观点主要关注个体的行为与行为模式，该观点认为角色自身的行为模式与社会位置有着一定程度的关系，在这一位置上的个体会表现出相应的行为表现或与之相关联的行为模式。总而言之，虽然在对角色进行定义的时候有着不同的表述方式与表述内容，但是该领域的研究者一致认为，在某个社会内部，人们对于某一个特定的角色有着某种程度上极为一致的观点与看法。另外，社会中的绝大多数人都会对这种行为规范进行模仿，从而使自身与该种行为规范保持一致。在进行角色

---

[1] 奚从清.角色论：各人与社会的互动[M].杭州：浙江大学出版社.2010：19-52.

理论研究的时候，所有研究者在谈论抽象的角色的时候都不可能离开社会结构与个体心理，其作为角色概念的本质所在，是建立和形成统一的社会角色理论的基石。

如果从社会学的角度上将人类社会与庞大的舞台进行类比，其中人类个体的行为活动就可以类比为在舞台上表演的一幕幕社会情景剧，每个社会中的人类个体都有着自己的社会角色。在社会学中，角色自身就是指一些与一定的社会地位、社会身份相联系的被期望的行为。个体所扮演的角色需要在社会生活中根据自身的地位、身份等信息，按照一定的期望，通过特定的行为模式进行。换句话说，就是指角色自身是由一定的社会地位所决定的个体的特定地位、社会对个体的期待与个体所扮演的行为模式的综合表现。[①]比如父母与子女、教师与学生等角色，这些由人类个体所扮演的不同角色，在一定程度上都表明了其自身在不同社会关系中所处的地位。

在角色与角色理论中，可以发现从含义与构成角度研究角色会发现其包含了六个基本要素，分别是角色扮演者、社会关系、社会地位、权利义务、社会期待、行为模式。对这六个基本要素的详细阐述如下：第一是角色扮演者，其中角色是某个体因为其自身的地位与身份所扮演的角色，其对象为个人。在社会中，每一个单独的个人都是其角色自身的主体者、承担者、扮演者。第二，人与人之间的社会关系可以看作是角色的本质，角色关系的本质依托于复杂的社会关系存在。第三，作为个人权利与义务的集合体，社会地位在社会关系中占据着较为重要的位置。第四，角色是成对出现的，它依托于权利与义务的关系，只有社会中的两个社会位置上的个体产生关联的时候才会出现与之相对应的角色关系。第五，从本质上来说，角色可以看作是社会期待的总和，它是对社会上一些有一定地位的人的行为规范，构建了现代社会中的价值观念体系。第六，社会是由不同的角色组成的，不同社会角色会形成不同的行为模式，每一种行为模式都有着自身的特色。在社会中，群体与个人都会以不同的角色按照该角色既定的规范、权利、义务进行活动。具体可以表现为警察秉公执法、医生救死扶伤、教师为人师表等。值得注意的是，角色的六种基本要素处于相互联系又相互制约的状态，他们有一定的共存的特征，在时间与空间上，这六种基本要素是共同存在并发展的。

（三）学生角色和教师角色

在教育实践领域对角色概念进行分工，可以表现为学生角色与教师角色两种

---

① 奚从清.角色论：各人与社会的互动[M].杭州：浙江大学出版社.2010：19-52.

表现形式。教师角色可以细分为教师岗位上的多种分类，学生角色也可以进行对应的细分，将其分为担任各种学生身份的个体。由此可见，教师角色与学生角色就是众多社会个体的总称，体现了共性与普遍性，它本身并不会单独指代某一个体。随着教育实践改革的不断深入，教师角色与学生角色也不是一成不变的，也会在不断地发展与演化中适应时代的发展、社会的需要等。总而言之，教师与学生的角色都是随着社会与时代的发展变化而不断发展演化的，并且一直在发挥着自身的效用。

1. 学生角色

学生这个角色是一种社会身份，这个身份是儿童在进行社会化过程中在接受教育时的一种身份。这种身份有其自身的内在要求与外在标准。首先是内在要求部分，由于学生是未成年人，其自身的身心未发展成熟，正处于不能充分参与社会工作的成长阶段。作为国家与社会的未来，学生群体是未来社会分工的参与者，他们的学习活动是一种建立在社会需求上的内在社会化过程。为了适应这个社会的发展，学生在教师的带领下扮演着学习者的角色，不断地吸纳各类知识与经验。对于外在标准部分，少年人学习知识是人类不断发展的基础，也是人类能够传承的最重要的途径。从某种程度上来说，学校是用于培养社会中各行各业劳动者的场所与机构。在近代学制产生之后，学生的各类信息与学习状态等都被规范化的学校教育教学所定义。在学校得到教育的学生其自身学习者角色与身份得到了淋漓尽致的体现。

不管学生自身的角色有着怎样的改变，学生自身作为学习者与未来社会分工参与者的角色始终不会改变。在对学生自身的角色进行梳理与分析之后可以明显地发现能够影响角色特征的因素主要有教育的目的与知识的生产，还有能够传播与消费的路径的现实影响。由此观之，教师这一角色也是如此。

2. 教师角色

教师这个角色充分体现了人类对于教育与文化传承的一切期待。教师角色自身就包含着三层含义：其中第一层是教师角色就是教师行为；第二层是教师角色就是教师自身的社会地位；第三层是教师角色即对教师的期望。[1] 我国一些学者认为，教师角色指的是教师自身与其社会地位、社会身份进行联系的期望行为，这部分内容一共包括两个方面：一方面是社会上整体对于教师这一角色的期望，另一方面指的是教师自身的市级角色行为。教师的工作是教书育人，其自身有着

---

[1] 中央教育科学比较教育研究室. 简明国际教育百科全书·教学 [M]. 北京：教育科学出版社，1990：282.

传承文化的责任与使命。教师的工作具有知识性、价值性和权威性。教师的工作职责就是传授知识，通过教育教学使学生能够充分掌握体育理论知识与专业技能，甚至包含价值规范等。在教学过程中，体育教师应当规范自身的行为，在传授体育知识与技能时传递良好的价值观。值得注意的是，在教学过程中，教师是进行知识传播的媒介，因此教师自身被赋予了较强的权威性与等级性，在这一过程中教师可以被看作知识权威。作为社会文化与专业知识的传播者，教师具有很强的价值性与权威性，教师是向社会中的年青一代传播这些知识的媒介。更为重要的是，教师不仅具有向学生传授知识的责任，还应当培养学生优秀的品质与求学精神，作为知识传递者的教师自身应当具有优良的教师品德。

与随时顺应社会实践需求变化的学生角色而言，教师自身的角色在顺应社会实践的变化中是较为落后的。从古至今，教师这一角色都在根据学生自身对于知识的渴求而进行相应的变化。在现实生活中，每一个角色都无法在社会中独立地存在，必须与其他的角色产生交互，在互动过程中显露出自身的角色特质。

体育教师的工作是为学生传授体育知识与运动技能。在《体育学》中有明确的解释，"体育教师是向学生传授体育知识和技能，培养运动能力和良好的卫生习惯，促进正常发育，增强体质，培养全面发展的新人。"体育教师在教学工作中的角色定位是学校教育目标的实行者与教学任务的执行者。社会各界中的各角色都希望体育教师自身有着极为高尚的行为品德，在教学工作中体现出十分优秀的职业道德与优良的教学能力，对自身的专业掌握着优秀的技能技术与理论知识，这些需求就是社会对体育教师群体的期望。

3. 教师与学生的角色关系

在教学过程中，教师与学生这两个角色有着不同的行为模式，但是这两个角色在进行教学活动时会相互关联，从而构成了教师与学生之间的角色关系，这种关系可以被称为师生角色关系。不同的角色自身的定义与角色特征不尽相同，其自身具有客观性、职能性、扮演性等多种特征。其中，师生角色关系就是教师与学生在教学实践过程中基于各自的社会身份形成的一套能够稳定运行的行为模式规范。

教师与学生在教学过程中由于角色定位的不同，有着不同地位，又因为地位的不同被赋予了不同的行为模式，由此，不同的身份地位与不同的行为模式的相互关系共同构成了教师与学生之间的角色关系。

教师与学生在开展教学活动时有着不同的权利与角色定位。在此过程中教师自身的权利是由社会赋予的，教师的权利来源是外部组织体系与体制，相关角色对教师进行的部分权利让渡是教师权利的主要来源。教师需要获得建立在知识与制度基础上的社会权利才能开展正常的教学任务,这些社会权利也保证了教师能够对学生实行"管束""制约"的操作。教师与学生在权利与角色之间有着极为巨大的差异。两者的角色关系是在一个有着较为特殊教育目的背景下,在实际教学过程与情境中经过不断地磨合而形成了一种比较稳定的角色形象与文化符号。

总而言之,现代社会中的人们对于教师这一角色有着十分丰富的定义与解释。人们赋予了教师这一角色十分多样的角色内涵,诸如教育家、研究者、艺术家等。但是,从实际出发,教师这一角色除了自身拥有的职能部分的角色定义,其余的角色定位只能是抽象的、十分具有理想型的,究其本身缘由,并没有十分特殊的研究价值。

在特定的时间下,在教学过程中可以实现教师与学生的角色互动状态。教师与学生之间的关系是两者基于权利与地位的外在表现,充分体现了教育观、学生观与学习观。教师与学生之间进行互动的途径、知识的获取方式以及在特定的社会情境下的教师与学生之间的关系是可以发生改变的,会根据时代的变化、技术的发展等因素不断改变。教师与学生之间的关系是通过教师与学生之间的互动建构起来的,这种教师与学生之间的互动离不开特定的社会与时代的作用影响。

二、现代体育多元教学中的教师与学生角色

(一)现代体育多元教学中的学生角色

1. 学生是学习任务的接收者

在现代体育多元教学过程中,学生作为学习任务的接收者,在此过程中的任意一项特定的学习活动都是以特定的目标和任务为指导的认知活动。关于学习任务的来源一般有内生与外来的两种形式,其中内生的学习任务来源是学生为自己制定的学习目标,外来的学习任务来源是由教育自身所规定的学生应当达到的学习目标与需要完成的学习任务。在现代化体育多元教学活动中,学生的学习方式是由学生自身决定的,但是体育教师为了保证全体学生能够共同进步,就会统一制定学习目标与学习任务,由教师进行统一管理。

2. 学生是学习目标的创生者

在某种程度上,学生在学习过程中的角色特征会受到知识传递的方向与过程的影响。在现代体育多元教学中,学生对于学习的出发点既可以选择自身确定的学习目标与方向,还可以选择教师确定的学习目标与学习方向,这就表示学生在

对学习目标与学习内容的选择上有着一定自主选择的权利。

在传统的体育教学中，习惯将学生、教师等进行等级上的划分，这是受到了线性传递关系的影响。总而言之，在传统体育教学过程中，专家学者确定了教材的选择、知识点的编写，他们就有了对这些知识的解释权，教师作为知识传播者具有威权作用。在现代体育多元教学中，学习者能够从多种渠道获取知识，正因为知识传播路径的多样化，不再有传统体育教学中的线性传递关系，学生现在不仅是知识的接收者，还是知识的创生者。

3. 学生是学习材料的搜集者和加工者

当今社会学习资源处于一种广泛分布的状态，这就是现代体育多元教学的显著特征，在这种模式下，学生获取学习资源的方式更便捷、渠道更广泛，学生对于学习内容的选择有了更大的自主权。现代体育多元教学的多资源、多渠道的学习方式与学习途径可以帮助学生轻易地获得更多的关于学习的可能性，学生可以在现代体育多元教学的模式下根据自身的学习需求寻找适合自己的学习资料与学习内容。由此观之，学生在这种模式下扮演的是学习资料的搜集者与加工者的角色。

4. 学生是学习问题的发现者

在现代体育多元教育模式下，学生有着极强的自主性，可以自由选择学习资料，采用适合自身的学习方法，自主把控学习时间。但是，这种极高自由度的背后，学生会遇到各种各样、极具个性化的困难与问题，不同的学生会遇到不同种类、不同形式的问题，同理，学生对于自身遇到的这些问题也有着极高的敏感度。在现代体育多元教学中，学生有着属于自己的明确的学习目标与认知路径，学生对自身的学习情况有着极高的清晰认知与自我判断，所以说在现代体育多元教学中学生才是学习问题的发现者。

5. 学生是学习过程中的问题解决者

在现代体育多元教学环境中，学生一直处于主体的位置，不管是学习目的对学生自身发展的服务，还是对学习材料进行的自主选择与加工，学生都是各自学习过程中的实施者。但是，对于学习目标的有用性和价值性，在学习目标方面，学生是学习过程中解决各种问题的主体，学生的学习过程必须立足于问题解决的认知过程。不管在什么时候，解决问题都是学生需要学习的重要内容。对于面向未来社会的学习活动来讲，学习者最需要学习的就是解决问题的能力。

现代社会网络技术日益发达，信息处于大爆炸状态，一个人最需要学习的不是学习的本身而是学习的方法。知识的作用是解决生活中遇到的问题，学生要有意识地进行基于解决问题的学习，在进行这种形式的学习时，需要提供真实具体的环境，学习的内容是综合且开放的，可以通过多种途径进行学习，学习的方式也是多种多样的。这种学习内容不仅可以增加学生自身的知识容量，还可以提高学生的信息素养与解决问题的能力，这是众多促进学生学习的方式之一。

6. 学生是终身学习者

现代的体育多元教学更多强调这是一种基于需求的即时性学习认知活动。这个时代是一个信息爆炸、科技高速发展的时代，将学习作为面向未来发展的阶段性任务的理念已经落后时代了，现在不管是什么年龄阶段还是学历等级的学生，都是学习者，所以学生的年龄范围在这个时代发生了扩展，使得每一位学生在当今这个时代都是终身学习者。

（二）现代体育多元教学中的教师角色

1. 教师是学习任务的分配者

不管是在什么学习活动或者是学习理论中设定的学习任务与学习的问题，都是作为学习活动的出发点与中心内容存在的，在现代体育多元教学中也是如此。在学习任务开始时，教师需要根据教育的目标与学生自身的身体素质给学生分派适合的学习任务。在制订学习任务的时候，教师需要从体育学科自身的知识特点与教学实践出发，必须同时考虑学生自身的特点与发展方向，有目的性地制订相应学习目标与学习计划，将其发放给学生。

2. 教师是学习目标的接收者

在现代化学习中，角色呈现出了自主化与个性化的特点，其中教师所扮演的角色是学习目标的接收者。教师是终身的学习者，需要通过实践的要求不断地更新自身的专业知识与技能，提升自身的教育水平，从而为学生提供高质量的教学服务。学生的角色不仅是学习任务的接受者还是学习目标的制订者，相反的就是教师的角色，教师的角色不仅是学生学习任务的制订者，还是学生所创设的学习目标的接收者。由此可知，在某种程度上教师与学生之间的关系更像是一种相互学习的关系，学生会从教师那里获得学习上的指导，教师也会在为学生提供学习上的指导中获得新的学习目标。所以说教师不仅是学习过程中的学习者，还是学生所创设的学习目标的接收者。

3. 教师是学习过程的监控者

不管是在什么情况下，教学与学习都是围绕着特定目的展开的实践活动过程，值得注意的是，教师可以通过实时监测学生的学习过程，从而保证学习过程与学习目标的一致性，使得学习问题能够有效地解决。现代体育多元教学中有着多个教学节点，教师需要在每个节点对学生的学习效果进行了解，教师对于学习过程中的监控，就是通过观察学习任务的发展进程来确定的，最终可以使学生顺利地完成学习任务。

4. 教师是学生学习问题的发现者

在现代体育多元教学中，尽管学生个体不同，但是他们的问题在某种程度上有着一定的相似度，这些问题有着普遍性与特殊性。根据这些问题出现的规律，教师可以在学生学习的过程中对其进行监控，从而对其遇到的问题进行发现、归纳、总结。在学生的学习过程中，教师是以学习资源的身份存在的，但是处于这一身份中的教师并不是一个被动地接受学生提问的角色，而是应该作为学生学习过程中的辅助者与引导者，教师需要及时地了解学生的学习进展，及时发现问题并解决问题。

5. 教师是学生问题解决的引导者

教师是学生学习过程中的监控者与引导者，虽然学生在体育多元化教学过程中有着极高的自主性，但是也会遇到各种问题，这就需要教师及时地关注学生的学习进展情况，发现并总结学生遇到的问题。在获得这些问题之后就可以通过引导等形式帮助学生解决问题，但是不能粗暴地为学生解决问题。为了顺利完成教学任务，教师可以在此阶段引导学生讨论与总结学习效果。

6. 教师是学生学习过程和结果的评价者

在进行传统的教学实践的过程中，教师需要对学生学习过程与学习结果进行评价，现阶段的现代体育多元教学中依旧需要教师进行相应的评价工作。进行学习时，尽管有着相同的学习目标或者是学习任务，不同的学生会因为学习材料或者自身认知加工方法的原因得到不同的结果。不同的人的学习过程、学习进度、学习效果等都会有着极为明显的差异。教师为了保证学习目标的顺利达成，需要在监督学生学习的过程中或者是结束后的这一段时间内将学生的学习情况进行总结，根据学生的学习情况反馈得出下一步的教学方案。所以，教师的身份定位是学生在学习过程中对于学生的学习过程与学习结果进行评价的人。

三、现代体育多元教学中教师与学生的互动及发展

（一）体育教师与学生的关系互动

1. "教师的主导性"和"学生的主体性"概述

教育改革与体育教学改革中的重要命题一直都是"教师的主导性"与"学生

的主体性"的概念与关系。时至今日,这个重要命题一直没有一个合理化的清晰阐述,在实际的教改实践中也有很多不正确的认识。由此,衍生出了一系列的说法,使得大多数体育教师把教师的主导性理解成了教师在课程教学过程中的权威性等具有强权性质的形象,但是需要注意的是,这是一种不好的倾向。更重要的是,因为这种说法甚嚣尘上,教师的主导性与学生的主体性成了此消彼长的对立关系。为了驳斥这些言论、正本清源,就必须对教师的主导性与学生的主体性进行讨论,得出清晰明了的详细解释,一旦无法使这两者的概念与关系明晰,就会造成一定程度上的理论上的混乱,甚至于会对体育教学改革造成很大程度上的负面影响。对于教师的主导性做出解释,可以是指在教学过程中教师的指导性,即教师给予学生学习上的指导;学生的主体性应该指的是学生朝向自己学习目标的清晰度与学习过程中前进动力的强弱。其中,教师的主导性与学生的主体性之间的联系应当贯穿学习过程。总的来说就是指,教师在学生学习过程中给予指导,学生在学习过程中自身成为学习的主体。

这两者从学习过程这一连接点上来看是一件事情的两个方面,教师指导学生是为了学生能够以自身主体性更为有效率地学习,在这一过程中教师给予了学生指导,这是"主导性"中的"导",学生在接受指导后积极主动地努力学习,这就是"主体性"中的"体"。

在现实中的体育教学实践,教师正确地"导"与学生积极地"学"是相互连接的,两者和谐统一。如果学生只是积极主动地学习而没有教师进行指导只会使课堂变得杂乱而无趣,不会有令人满意的教学效果,甚至会因为没有正确的训练方式而在体育课中伤害到自己。对于那些没有教师进行指导也没有学生积极主动学习的课程,只会是一堂令人意志消沉的课程。教师在授课过程中如果不正确、不恰当,就会严重打击学生的学习积极性。

2. "教师的主导性"与"学生的主体性"的相互联结

总而言之,在教学过程中授课教师自身有着足够强大的主导性就会促使学生有着强大的主体性,反之亦然。

在体育教学过程中,教师可以从以下方面发挥自身的主导性。比如可以通过明确学习目标的方式对学生学习过程中的各种因素进行深入了解,教师可以根据这些了解内容完成适合学生学习的教学内容的制订,由此可以更好地激发学生的学习兴趣,使得学生与教师之间的关系更加和谐融洽。所以,在教学过程中,学生的学习效果越显著就越能证明学生有着更强的主体性,也能证明教师对学生有着十分深入且细致的了解,教师对于自身所教授课程内容有着足够的了解并运用恰当的教学方法，教师的主导性也更强大。

一言以蔽之，在进行体育教学活动时，教师自身的主导性与学生表现的主体性是可以和谐共存的，两者是可以相互促进的。

3. 通过"教师的主导性"充分调动"学生主体性"

当今社会实行的体育教学改革实践中可以明确地发现，我们对学生的主体性与教师的主导性之间的关系是和谐共处与相辅相成。诚然，在传统的体育教学活动中，由于应试教育的观念影响，教师与学生的关系是处于割裂状态的，有些教师并不注重学生对于学习的积极性，不会深入了解学生学习需求与心理诉求。因此，教学将会变得僵硬死板。值得注意的是，致使教师不关心学生需求的原因并不是教师的主导性过强，毕竟武断决定并不能体现教师的主导性，这种表现一般为没有责任感与缺乏责任心，这种教师在进行教学工作时不能充分调动学生的学习积极性。因此，学生无法发挥自身在学习过程中的主体性，教师也就无法充分发挥自身的主导性。

对于如何改革，教师应当规范自身的教学指导行为，加深自身对于学生的理解，冷静思考教师的主导性与学生的主体性之间的关系，通过教师的主导性有效调动学生的主体性，充分调动学生的学习积极性，可以使学生在学习过程中能够以积极进取的姿态学习新知识。

在素质教育中，学生要充分发挥自身的主体性，以积极的态度参加体育运动，教师要发挥自身的主导性，制定适合学生的教学策略，不应当将学生的主体性与教师的主导性进行割裂与对立。

对于强调学生的主体性的行为并不是为了削弱教师的主导性，在教学工作中，教师的主导性依然是十分重要的，教师应当明确自身的责任，严格要求自己。在学生的成长过程中的不同阶段，学生的主体性表现的强弱也不尽相同，在小学及以下阶段，学生自身的独立能力比较弱小，教师就会发挥更为强大的主导作用，到了中学及以上，学生的自理能力有了显著的提高，教师的主导作用就会随之削弱，学生的主体性开始逐渐显现。

（二）体育教师的可持续发展

当前我国的体育教师还存在着一些需要提高和改善的地方，只有不断地进步，我国体育教师才能可持续地发展。同样的，只有通过做好以下三个方面，我国体育教师的可持续发展才有所保障：

1. 满足体育教师的需求，从而保障教师队伍的稳定性

如果想要促使体育教师队伍能够可持续地健康发展就必须要充分保障教师队伍的稳定性，尤其是体育教师队伍中的中青年教师队伍，这就需要有关部门能够切实解决中青年教师的生活与工作困难，只有解决了困难，体育教师队伍才能够稳定，具体可以表现在以下三个方面：

首先，需要全面提高体育教师队伍的思想政治觉悟，在对中青年教师进行培养的过程中时时贯穿着党组织的核心作用与政治工作，要坚持党政联席会议制度，从青年教师中发展党员，培养教师正确的三观。

其次，要保证教师的收入。确保教师的收入可以达到社会的中等水平，对教师有一定的社会福利方面的政策倾斜。这些政策施行的目的就是使教师可以在将自身与全国进行纵向与横向的对比时不会产生较大的心理落差，能够感受到自身的社会价值。

最后，保持现有教师队伍的稳定，为任教中的中青年教师创造一个良好的环境，以便积极引入高学历的人才加入教师队伍。

2. 重视对体育教师的培养和培训，进一步优化教师学历结构

体育师资队伍的建设是一个长期的系统工程，有着极大的难度，对于体育师资队伍的建设需要加强领导，确保实行统一管理，实现全面规划。为确保体育师资队伍的顺利建设，学校应当成立一个由众多专家学者参与的师资队伍建设委员会，为体育师资队伍的建设提供可靠的保障。

首先，对于教师来源，应当增加对于高学历人才的招收。体育专业的高学历人才的培养需要国家合理地增加体育专业硕士与博士研究生的招生。

其次，通过各种方式确保体育教师能够得到各种培养基会，提升自身学习水平的机会。

最后，要对体育教师自身的进修与管理进行规范，保证教师可以定期获得进修的机会，对体育教师的科研工作进行大力支持，使得体育教师的科研能力与自身素质不断提高。

3. 通过优惠政策的实施来加快人才培养的步伐

现阶段，我国对于高校体育教师的职称评定有着极为严格的要求，但是在这些严格规定下也应当注意灵活操作，对于一些有着突出贡献的青年教师，在其自身教学能力方面没有问题的情况下应当进行破格晋升，这种晋升职称的方式能够有效激发青年教师的积极性。对于高校体育教师中的老教师来说，他们有着丰富的教学经验，可以帮助培养后备学术人才，所以应当对这些老教师进行表彰，充分发挥他们的特长。与此同时，高校还要注重人才的培养与产出。

（三）体育教学中学生的发展

现代体育教学的根本目的就是促进学生的全面发展，所以为了实现这个目的就必须在合理的范围内对现代体育教学方式进行修改，主要有以下两点：

1. 贯彻科学教学思想，从而将先进的教学观念树立起来

为了促进学生的健康发展，体育教师应当在体育教学中贯彻落实科学体育教学思想，建立一个先进的新型教育理念。现阶段我国已经提出了众多积极健康的体育教学思想，其中"终身体育"的体育教学思想是为了将现代体育锻炼的理念融入学生的日常生活中，并以此为指导，保证我国现代体育教学创新的顺利进行；"以人为本"的思想观念中明确了教学的中心是学生，体育教师在进行教学设计时需要根据学生的兴趣爱好进行，教学的根本目的是培养学生的综合素质。

2. 通过体育教学改革来使教学效果得到提高

为有效提高教学效果，需要对现代体育教学进行改革。针对现代体育教学内容的改革是通过丰富教学内容、改进教学方法、改换教学手段来实现的，在体育教学中可以加入一些与时代发展相适应的新兴的体育项目，这么做可以有效激发学生的学习兴趣，还可以使得教授的体育项目能够更好地促进全民健身与终身体育的发展。

与现代体育教学相比，传统体育教学方法虽然有着一定的优势，但是劣势也很明显。所以说在进行教学工作时，现代教学方法与传统教学方法的结合运用是必然的，采用这两种教学方法可以有效地展现体育教学中的所有内容，能够帮助学生更好地掌握体育知识，使得学生在学习体育时能更投入，提高自身学习效率。

第三节　现代体育多元教学的组织实施

一、体育教学课的组织实施

（一）体育教学课的组织形式

体育教学课组织类型多样，包括以班级为单位的体育教学、以班级内分小组为单位的体育教学和以个体为单位的体育教学。其中，以班级为单位的体育教学是现在比较流行的组织形式，呈现出既个性又多元的特点。

1. 班级教学

体育课开展体育教学以班级为主体单元，这种教学组织形式涵盖了两种课堂组织结构，一种是根据单一班级学生为主体进行划分，另一种是根据多个班级学生为主体进行划分。这两种课堂组织结构都是将学生划分成多个教学班，以便于更好地管理学生、开展教学。除了根据教学单元进行划分，还可以根据学生主体进行划分，如学生对体育的兴趣爱好、行为选择等。班级教学存在相应的优缺点，具体如下：

优点：不同的课堂组织结构，能够解决学生体质参差不齐的问题，有效提高体育教师教学的针对性，形成差异化教学。同时，体育教师团队资源的充分利用提升了体育教学的实效性，学生体育和体育教学提质增效。

缺点：不同的课堂组织结构会造成学生之间所学的内容主体差距过大，不同学生主体缺乏体育课堂互动，进而影响学生的学习兴趣。

2. 分组教学

分组教学是班级教学的细分，即以班级内小组为单位的体育教学。这种教学组织形式可以解决班级教学中存在的缺点，体育教师可以在学生小组中认清差异特征，然后据此进行相应指导。和班级教学划分一样，分组教学也是将班级划分成多个小组，具体类型有同质分组、异质分组、帮教型分组和友情分组。具体类型内容主要包括以下三点：

（1）同质分组

同质分组最突出的特点就是重视学生个体间的共性，不以班级为界限，而是根据学生体育素养将其划分成教学单元，体育教师以此为依据进行有组织的教学。同质分组教学使体育教师教学目标更加明确，学生体育意识（如锻炼意识、竞争意识等）在体育教学活动中也会得到强化。但从另一角度来说，这种分组形式容易致使学生之间产生区别对待的现象，从而使学生出现自卑心理。

（2）异质分组

异质分组是根据学生之间的体育素养进行差异化划分，即同一小组内学生的体育素养呈现差异，不同小组之间整体状况并无差异。该分组旨在实现组内学生与学生之间的合作帮扶，共同提高体育运动水平，增强自身体能状况。但从另一角度来说，这种分组形式容易造成学生体能差距增大，从而影响学生正常体育水平的发挥。

（3）帮教型分组和友情分组

帮教型分组以掌握学生体育运动意识与实践能力为前提，据此实施类别化互助分组，这一分组形式可以加深小组学生间的学习氛围，带动组内成员共同练习体能。对于体育教师来说，帮教型分组可以实现更好的教学效果。从另一角度来说，这种分组形式容易使差等生产生自卑心理，使得学生之间的差距加大。

友情分组充分体现了尊重学生的主体地位，即让学生自主选择结伴小组，这种划分形式是建立在学生彼此互信基础之上的，也就是说学生与学生之间契合度较高，目标能够达成一致，这也为后续的体育教学打下了坚实根基。

从上述分组教学类型进行分析，体育分组教学进一步细化了体育教师的教学步骤，同时也为改进后续体育教学质量提供了参考，体育教师可以根据学生个体体育素养差异组织教学步骤，满足学生对体育课堂活动的参与心理，改善学生体能（包括运动技能）。当然因为分组教学划分形式的不同，可能会使学生个体之间的差异增大，从而影响学生体育课堂的学习心理。

3. 个别教学

个别教学体现出因材施教的原则，是尊重学生个体差异的教学表现。该教学方法能够帮助学生个体增进自身心理建设，提高体育课堂活动的参与度，但是逐一细分教学又使得学生学习意识淡化，缺乏继续学习新技能的动力。

（二）体育教学课的控制

体育课堂是有固定课时安排的，体育教师要根据课时合理编排教学内容，有步骤地完成教学课时任务，实时调整教学目标。体育教师可以在体育教学课堂活动中对学生体育素养水平进行摸底，并根据学生的体育素养水平来制订和实施教学计划，在后续课堂教学活动中，也要依据学生体质锻炼进展情况实时完善教学步骤，组织阶段性的体育教学活动。体育教学课控制的原则，主要是对体育教学预制目标和已完成目标作对比，从中找出与预制目标出现差异的原因，据此完善目标差异。

（三）课堂违纪行为的预防与控制

课堂违纪行为在教学课堂中时有发生，对于课堂违纪行为，应建立相应的预警机制，即采取合理有效的措施来预防此种行为的发生。对体育教师来说，在体育课堂教学时，要想保持融洽的师生关系，营造良好的体育课堂氛围，就要采取较为合理有效的课堂规定，以此来避免课堂违纪行为的发生。

二、课外体育活动的组织实施

体育活动是检验体育教学计划实效的关键环节。相对于课内体育活动来说，课外体育活动的组织实施具有一定的开放性特征，其建立在学生主观意愿的基础之上，强调学生能否遵从心理调控自觉加入课外体育活动。课外体育活动作为校园体育目标实施的一部分，需要对学生进行相应的指导，建立课外体育活动实施细则，指导学生在规则范围内有序参与，同时合理安排课外体育活动资源及时间，以此保证校园体育目标任务能够如期顺利完成。

（一）课外体育活动的组织形式

1. 全校性活动和年级活动

课外体育活动的实施范围是整个校园，这种全校性的课外体育活动参与成员多，规模较大，气氛更加热烈，对学生的身心具有明显的影响。全校性活动组织和实施具有统一性，这使得监督、评比等工作的开展较为顺畅，并且能够增进集体性的共同学习、共同进步，这为培养校园范围内学生的集体参与意识打下了良好基础。

全校性活动参与学生较多、规模较大，但受限于校园这一条件范围，学生可参与的活动内容有限。通常较为常见的全校性活动有早操、课间操等。因此，学校还可以通过组织年级来开展校园课外活动。

2. 班级活动和小组活动

班级活动和小组活动参与成员有限，仅限于班级范围内，故此类型活动多以组织灵活、管理方便、效率较高为主要特点。班级体育锻炼活动多见于课内，通常为体育教师和班主任选出负责组织课内体育活动的体育委员。体育委员发挥组织能力，体育教师和班主任则负责维护课堂秩序。

小组体育锻炼活动是按照单元组别划分的，或是教师安排，或是学生自主选择，可供参加的体育活动内容较为多样，如羽毛球、足球等。每个小组都会选出具有体育特长的学生，让其带领组内其他成员开展体育活动。在体育教师或班主任的组织下，班级或小组成员可以根据活动场地、课时安排、人员数量等因素，灵活地组织活动，如长短跑、分组篮球比赛等。

3. 俱乐部活动

体育俱乐部，是由学生自愿参与的课外体育活动组织。校园体育俱乐部活动类型划分较为简单，分为单一型和综合型两种。俱乐部活动组织形式规范，规则明确，对成员具有相应的行为约束，活动实施效率高。因此，校园俱乐部活动也深受校园学生的欢迎。

校园体育俱乐部需要校园具备基础条件，如师资、资金、体育参与度、基础设施等。其中，校园体育俱乐部的资金支持有赖于经费投入，在成立后还需依赖俱乐部内学生定期缴纳会费，当然也不乏校园外的资金赞助。校园体育俱乐部是建立在学生自愿参与原则基础之上的，旨在增强学生身心素养，锻炼学生的体魄，同时兼具社交娱乐特征，学生可以根据俱乐部要求选择性参与部分活动。

4. 小团体活动

小团体的活动范围进一步缩小，该类型活动需建立在共性基础之上，即学生间有较为一致的兴趣爱好或特长。小团体活动由学生自发建立，成员来自不同班级或是不同年级，这和小组活动有着一定的不同。

小团体组织因成员数量较少且具有共同的兴趣目标，故其呈现出松散、自由、组织方便等特征。小团体活动开展有较为明确的目标方向，成员之间或者是团体之间可以共同进行比赛或交流，互助进步，增进成员之间、团体之间的友谊。

小团体组织活动较为灵活方便，活动时间和地点视具体情况随机而变，并没有过多的规则约束。因此，小团体活动较上述三种活动地位重要性较低，但正是由于小团体组织活动的这些特点，其更能吸引学生参与其中，并且进一步增进学生彼此之间的兴趣和友谊，督促学生之间互相激励、互相进步，使学生形成体育锻炼意识。基于此，校园内的小团体组织活动应该得到教师的重视，同时鼓励学生积极参与其中。

5. 个人锻炼活动

个人锻炼活动对学生自我约束能力提出考验，该类型活动需要学生个体按照所设计划并根据内容自发锻炼。个人锻炼活动建立在学生兴趣爱好和需要的基础之上，完全遵从个人内心的意愿，同时也考验学生内心的意志力。因此，个人锻炼活动能够体现学生体育自觉意识，如自觉设定体育锻炼类型（田径或球类）、目标（阶段性目标和总目标）等。

体育锻炼自发参与度高，多体现学生对某项体育运动的兴趣度高，学生参与体育锻炼活动，需要拥有一定的体育运动基础，如体育运动常识技能等，对于这类学生，体育教师除多加鼓励外，还需适时给予相应指导，纠正学生在体育锻炼时出现的动作错误。这种必要性的体育锻炼指导，能够使学生在头脑中强化技能或动作记忆，降低后续体育锻炼过程中的错误率。个人体育锻炼活动内容多样化，其和集体活动一起，共同促进个体身心素质的发展。因此，体育锻炼活动具有统一性特征。

（二）课外体育活动的实施

课外体育活动的实施要求遵循实际编排和动态调整这一原则，其并非一成不变的。在实施过程中，所涉及的部门要做到协调互通，优化课外体育活动细则提高实施效率。课外体育活动实施细则主要有以下三点：

1. 确立实施制度和工作规范

课外体育活动实施需要征集学校主管领导部门的同意，同时也要征询其他相关部门的意见和建议，以此来确立具体的实施制度和工作规范，还要将其纳入学生日常行为规范管理中。

2. 明确职责和工作范围

（1）校领导职责和工作范围

校领导在校园课外体育活动实施过程中起着带头示范作用，故校领导须亲自参与课外体育活动，并以身作则促进学生积极践行课外体育活动锻炼。此外，作为校领导，还应该及时主动了解并摸清课外体育活动实施的进度，更好地推动课外体育活动的实施。

（2）班主任职责和工作范围

班主任管理班级日常事务，其中包括对班级日常课外体育活动进行管理。班主任需支持并鼓励学生积极主动参加课外体育活动，但要补充安全性原则，使学生牢记体育运动注意事项。同时，还需要摸清学生个体的体育运动情况，了解学生个体间存在的差异；要和班级体育干部一起组织学生认真完成班级课外体育活动，使教学秩序更具统一性。

（3）体育教师职责和工作范围

体育教师在课外体育活动实施中起组织引导作用，体育教师会以活动参与者的身份安排全校性的体育活动，如早操、课间操等，也会管理不同年级、不同班级的课外体育活动，体育教师也在班主任与班级学生之间起着疏导沟通的作用。

（4）学生干部职责和工作范围

校园团体干部在学生心中具有一定的影响力，如共青团、学生会等，他们参与课外体育活动会直接对学生产生影响。因此，学生组织干部应带头参加并宣传课外体育活动。

3. 编制实施方案和落实方案

（1）编制实施方案

课外体育活动编制实施方案是系统性的，是建立在全校课外体育活动编制实施方案基础之上的。因此,课外体育活动编制实施方案要综合采纳各年级教研室和全校体育教师的意见,同时还要以各年级班主任的管理计划为实施依据,使得编制实施方案能更具科学性和可规划性。

(2)方案的实施

课外体育活动方案实施要做到环环相扣,各尽其责,保证每个环节都能够高效地完成,使活动方案由理论付诸到实践的全过程。在整个过程中,校领导要整体协调统一,班主任要积极主动引导组织学生参与,体育教师要配合活动方案进行有针对性的指导。

三、课余体育竞赛的科学实施

(一)课余体育竞赛组织管理概述

1. 课余体育竞赛组织管理的概念

课余体育竞赛组织管理是要把课余体育竞赛资源加以组织利用起来,发挥课余体育竞赛的作用,最终实现课余竞赛组织目标。课余体育竞赛旨在推进校园体育工作和事业的稳定落实与发展,为此学校有必要做好课余体育竞赛组织管理工作。

2. 课余体育竞赛组织管理的内容

课余体育竞赛组织管理涉及主体和客体两方面。其中,管理主体主要是学校范围内的参与部门及成员,包括各环节流程的管理部门,编排竞赛方案的组织部门,统计学生参与情况的部门等;管理客体,即管理的对象,也就是课余体育竞赛实施项目。通常情况下,管理主体的管理对象就是体育竞赛。课余体育竞赛需多个部门主体配合来完成,其涉及的管理内容事项较为复杂,所以就需要对其进行分类。在管理体育竞赛之前,管理主体通常会被划分为管理竞赛部门、组织竞赛部门、参赛部门,不同管理主体职责不同,但都围绕课余体育竞赛完成情况为最终目标。因此,课余体育竞赛组织管理的部门职责虽有所划分,管理对象却存在共同性。

(二)课余体育竞赛外部管理

课余体育竞赛外部管理以社会组织机构为主,如政府行政部门、社会团体组织等,他们主要负责对校园学生体育竞赛进行针对性的组织、领导和管理。

1. 课余体育竞赛的管理机构

在外部管理中,课余体育竞赛的学生运动会主办单位以教育部及其下属机构、国家体育总局及其下属机构、共青团中央为主。其中，教育部学生体育协会为协办单位，所在地政府为承办单位。综合来看，其外部管理机构主要包括政府行政部门和社会团体组织，如图4-1所示。

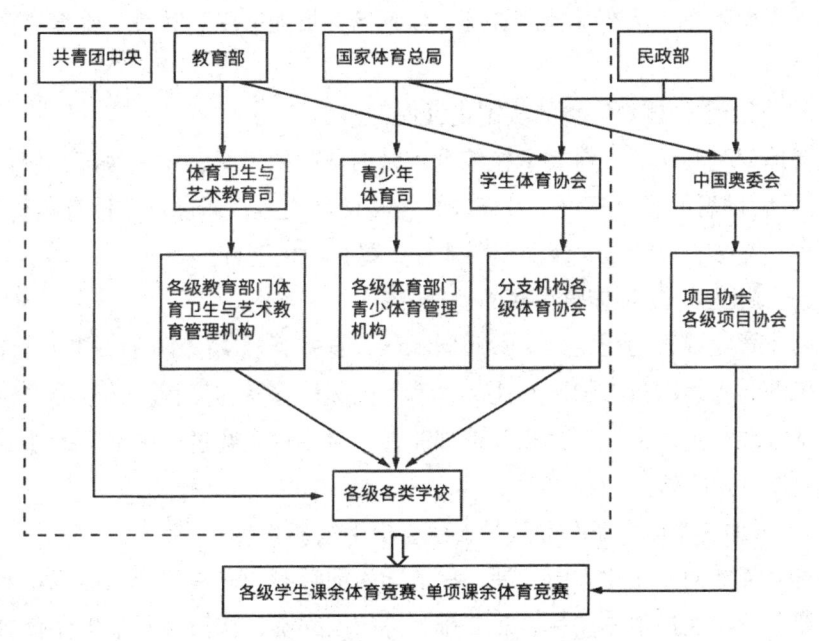

图 4-1 课余体育竞赛管理机构示意图

管理机构和其分设部门涵盖的职责属性有所区别。例如，教育部是课余体育竞赛管理的核心部门，而其下属的学生体育协会则是属于授权管理组织；国家体育总局及其下属的协会组织，主要协助教育部开展相应的指导工作；共青团中央则主要负责各级各类学校的业务指导工作。

2.课余体育竞赛外部管理的优化

课余体育竞赛外部管理需要根据问题进行优化。当前课余体育竞赛外部管理易出现如经费不足、缺乏协同机制、对竞赛规模不够重视等问题，这些问题需要外部管理机构进行相应思考，即如何更好解决这些问题以推动课余体育竞赛的发展。在此，可以参考如下建议：

（1）健全管理机构，优化管理系统

对课余体育竞赛的外部管理要优化调整，做好自身建设。根据课余体育竞赛的发展规模水平，完善管理机构职能细则，同时可借鉴国外先进的管理经验，及时准确地调整机构职责，还需要优化单项分会，并以校园学生可参与性为依据。

（2）改革竞赛制度，对教育系统和体育系统的青少年赛事进行整合

体育竞赛制度强调教育系统竞赛和体育系统竞赛的统一，并且将关注重点放在青少年体育赛事上，明确竞赛目标和专业队归属，让专业队重新回到学校中，通过加强青少年专业队在学校的训练，保证运动员能够受到教育、体育这两者的综合训练。

（3）加强学生体育竞赛的法制化管理工作

完善体育竞赛法制，需要学校综合校园内部团体组织、年级教师（包括班主任）、主要管理者的意见建议，补充体育竞赛法制内容，通过建立体育竞赛法制，实施体育竞赛法制化管理，保证校园体育竞赛有序化进行。

（4）强化落实学生体育竞赛的管理规定

实施体育竞赛管理规定，要参照国际体育竞赛管理实施细则，同时可让具备条件资格的学生运动员参加国际比赛，熟悉国际体育竞赛流程。学校要严格执行体育竞赛管理规定，强化体育竞赛管理监督，对体育竞赛过程中出现的违规现象按照制度进行相应处罚。

（5）增加学生体育竞赛的数量，建立学生竞赛体系

体育竞赛要向多元化方向发展，保证学生能够参加多种类型的体育竞赛。课余体育竞赛可以通过举办"足、篮、排"等校园联赛，在教育部学生体育协会统一规划管理下，与职业联赛或是商业活动合作，打开课余体育竞赛的市场大门。学生课余体育竞赛外部管理要坚持以竞赛为原则，保证竞赛的校园化开展，防止出现过多的商业化和行政化管理行为。

（三）课余体育竞赛内部管理

课余体育竞赛旨在提升学生体育竞赛素养水平，其管理不能只借助外部管理，更需要内部管理加以强化。因此，作为学校课余体育竞赛内部管理的参赛单位，要坚持有效性管理原则。学校课余体育竞赛参赛管理工作主要包括以下流程：

1. 组队

学校课余体育竞赛要保证队伍组成规范化。在组队时，要在学校体育管理部门、体育教研部门的指导组织下进行，同时还要选出领队、教练员、参赛队员、后勤人员，组成专业规范的队伍。

2. 准备

学校课余体育竞赛需要参赛队伍积极准备，包括对战术打法的准备、对参赛体能的准备等。同时，参赛领队及教练员还需对参赛运动员进行思想教育，保证

团队凝聚力，参赛队伍内部管理层也要保证参赛经费和装备的充足完备，做好参赛准备。

3. 参赛

参赛时，学生运动员要服从领队及教练员的领导，听从裁判员的指挥，以参赛为主要目标，其他参赛部门和人员也要积极配合完成参赛工作。

4. 总结

总结阶段建立在完整参赛过程的基础上，一是对赛前及比赛过程中出现的问题进行经验总结，并从中分析原因，找出克服方法，用以下次比赛。二是赛后的鼓励工作，对在赛前及比赛过程中表现优异的学生参赛队员进行奖励，对教练员的管理工作进行反思总结。

第五章 现代体育多元教学的技能训练

体育教学技能训练就是对学生运动员进行技战术和体能的综合训练，最终的目标就是完成体育教学，这一过程需要理论与实践相结合，通过体育教学理论指导方法，不断开展练习以巩固学生体育运动技能。体育教学技能核心就是反复练习强化，使学生在头脑中形成记忆和实践认知。在各个环节中融入多种技能训练要素并加以优化，可以保证体育教学活动的有效开展，从而取得良好的体育教学效果。本章节内容为现代体育多元教学的技能训练，主要从体育课堂教学技能训练的过程与原则、体育课堂教学技能训练的分类与形成、不同体育项目的技能训练三方面进行分析。

第一节 体育课堂教学技能训练的过程与原则

一、体育教学技能训练的过程

体育教学技能训练需要一个完整有效的过程安排。体育教学技能训练过程在时间安排上呈现出循序渐进、连续展开的特点，在教学安排上，主要包括启动、发展、变化和结束四个阶段。体育教学技能训练的过程由动机激发、目标设计、训练形式途径和方法组成，学生运动员应认真遵守训练步骤，从而强化自身训练实效。

（一）体育教学技能训练动机的激发

体育教学技能训练需要学生运动员保持良好的训练心理，找准训练动机。对学生运动员来说，体育教学技能训练动机对自身心理具有发动、选择、强化和维持的作用，可以保证自身的训练效果。

1. 体育教学技能训练动机的重要性

（1）对训练行为具有发动作用

训练动机是激发主体训练行为的关键因素，本质是训练心理综合作用产生的具有某种行为导向的结果。因此，训练心理会对训练行为起支配调控作用。除此之外，外部因素（如体育训练设施等）也会激发主体训练行为。

（2）影响训练行为的选择

主体训练行为的选择是基于其内心训练动机而言的。例如，训练主体内心对体育教学课时编排的认可度，或是对体育教学训练设施的接受度等，都会直接影响主体训练行为导向。同时，训练者的训练行为还会对学生运动员的训练行为选择产生影响。

（3）强化训练意识

体育训练者需要拥有较高水准的专业素养，能够通过技能训练，激发自身训练动机，强化自身训练意识，最终提高自身教学能力，增强体育教学技能的实效性。

2. 体育教学技能训练激发动机的方法

激发体育教学技能训练动机，要综合内部和外部两方面进行考虑。内部是指体育教学的内部要素，包括体育教学情境、体育教学步骤、体育教学方向等；外部是指体育教学的外部导向，包括体育教学政策制度、体育教学考核制度等。要想激发体育教学技能训练动机，首先要有清晰明确的教学目标，并在此基础之上，提高自身对体育教学技能的认知，带动自身的教学动力。除此之外，还需要多加参与体育教学技能训练竞赛活动，在活动中增进自身对体育教学技能训练的理解，在教学活动中感受到体育教学技能训练的作用所在，然后将其反馈形成经验总结。

（二）体育教学技能训练的形式和途径

体育教学技能训练能够帮助学生运动员提高自身的技战术能力，丰富其内心活动。不同的体育教学技能，有着不同的体育教学技能训练要素，学生运动员要加以熟悉掌握，选择适合自身训练的形式和途径，提高训练的针对性和有效性。体育教学技能训练的形式和途径有多种，最常见的有个人训练和团体训练两种形式，其中个人可以通过观摩、模拟演练等途径进行训练，团体可以通过竞赛、培训等途径进行训练。

二、体育教学技能训练的基本原则

体育教学技能训练需要遵循指导原则，主要包括以下四点：

（一）理论研究与教学实践相结合原则

理论研究与教学实践相结合原则是体育教学技能训练依据的首要原则。体育教学技能训练是以理论作支撑的，并且需要将其用于教学实践中。具体来看，体育教学过程是理论与实践的统一，体育教学技能训练要运用相关的教学理论，认真分析教学理论中的可行性行为指导，结合体育教学实际，完成体育教学技能训练课程。体育教师要根据已有的教学计划和任务，用体育教学理论解决教学过程中出现的问题，突出体育教学技能训练的实用性，将二者统一结合，完成体育教学技能训练要求。

（二）单项技能训练与综合训练相结合原则

单项技能训练与综合训练相结合的原则，体现的是体育教学技能训练的整体协调性，通过整合各单项技能训练要素，进而形成涵盖范围全面的综合训练要素，最终实现体育教学技能训练效果的最优化。在体育教学技能训练中，单项技能训练强调的是过程的渐进性，也就是阶段性训练；综合训练强调的则是要素的整合性，也就是整体性训练。综合训练符合体育教学技能训练的要求，其训练环境、程序、内容、目标和手段更能保证好的体育教学效果。因此，对于体育教师而言，应将单项技能训练与综合训练相结合，实现体育教学技能训练的协调。

（三）个人训练与团队训练相结合原则

个人训练与团队训练相结合原则在体育教学技能训练中最为常见。这种训练原则目的是保证每个运动员都能够取得更好的训练效果，最终实现个人与团队整体的共同进步。个人训练要求个人有行为上和心理上的自觉性，能够主动去学习训练；团队训练则要求运动员个人具有团队意识，体育教师也要以团队为中心进行体育教学技能训练。在实际的体育教学技能训练中，体育教师要合理采用个人训练或团队训练的形式，力求达到最好的体育效果。

（四）传统手段与现代手段相结合原则

传统手段与现代手段相结合的原则是体育教学理念发展趋势的集中体现。传统体育教学技能训练手段多为单向性的指令教学，如师生单向技能动作示范等；现代体育教学技能手段则是双向性的互动教学，最常见的就是将体育技能教学融入团队游戏实践中。现代手段要在传统手段基础上，融合现代体育技能教学理念，在现代体育教学技术支持下，更能够提升体育教学技能训练的效果。因此，体育教师要积极将传统手段融入现代体育教学技能训练中，实现传统手段与现代手段的融合，使学生体育技能实现优势互补。体育教学技能训练的四个基本原则是互通的。在实际教学中，体育教师要综合利用以上四种原则，发挥教学原则对技能训练的指导作用，完成体育教学技能训练的要求。

第二节　体育课堂教学技能训练的分类与形成

一、体育教学技能的分类

体育教学技能分类是在顺应现代教育体系改革的需要。为此，体育教师及体育管理部门应对体育教学技能进行分析研究，探索适合学生运动发展的体育教学技能分类体系，转变体育教师技能教学训练思维。体育教学技能分类要吸收借鉴以往分类经验，从中总结出适合现代体育教学的技能分类，使技能训练更为科学有效，并提高体育课堂教学质量。

（一）体育教学技能的以往分类

综合研究体育教学技能分类，多数学者以体育课程教学特点为依据对其分类。然而体育课程教学与其他主流学科有所不同，其更加强调实践性，部分学者依据这一特点，将体育教学技能分为语言指导教学、动作指导教学、活动操练教学、纠正评价教学。体育课程技能教学还需要体育教师进行动作示范指导，部分学者依据这一特点，将体育技能动作指导教学分为分析阶段、演练阶段、提升阶段和纠正评价阶段这四个阶段。体育教学实践是体育教学的主要工作内容，部分学者依据这一特点，将体育技能实践教学分为体育技能任务编制、体育技能教学管理、体育技能教学综合评价等。

（二）体育教学技能的重新分类

从以往的分类中可以看出，体育教学技能分类有指导原则要求。因此，对体育教学技能的重新分类应该继续以现有分类为依据，并借鉴其他学科或是国外体育教学技能分类，使重新分类后的体育教学技能体现层次性、实效性特点，并对学生运动员具有指导作用。

体育教学技能重新分类要以全局性教学为主导，涵盖教师指导、学生演练、纠正评价的全过程。体育教学技能重新分类，要将内容编制、技能演练、技能评价、帮助保护和负荷调整这五种技能，分步骤地纳入体育技能教学的整个流程中。体育教学技能重新分类后仍是以实践性为主要特征，每类教学技能都为促进体育教学方式、方法的创新发展提供了指导方向，使体育教学更具有实践性。

新一轮基础教育课程改革强调学生在课堂中的主体地位和教师在课堂中的指导作用，这一关系在体育教学技能重新分类表现为教学内容编制技能和学习指导技能。体育课堂的实践性决定了体育课具有互动与运动安全的特点，因此体育教学技能中的保护与帮助技能就变得同等重要。体育教学能够增强学生的运动体质，学生承受相应的运动量。体育教学技能中的运动负荷调控技能可以帮助学生自主控制运动量，提高体育运动的安全性和有效性，防止因体育运动负荷给自身带来的不必要伤害。重新分类的体育运动技能，其中的五个大类还涵盖了多个小的类别。内容编制技能包括对体育教学内容的选择、改编等；组织技能演练包括体育课堂规则落实、分阶段技能演练等；技能指导评价包括体育教学技能的教学示范、动作介绍、动作评价等；保护与帮助技能包括对体育教学技能的统一管理、安全措施落实、技巧摆脱危险等；负荷调控技能包括对体育运动量的控制、心率动脉的监测等。

二、体育教学技能的形成

（一）体育教学技能形成的感知过程

1. 感知的特点与作用

感知是感觉和知觉的统一，是人脑对刺激物的直接反应。其中，感觉是针对事物的个别属性，知觉是对事物的整体反映。感觉为知觉的产生提供基础，个体的一切心理和行为又都源于感知活动。从这一点来看，感觉和知觉存在相互依存、相互联系的特点。

感觉存在于某个特定时刻，其随环境、条件的变化而变化，知觉则有整体性、选择性和恒常性的特征。知觉的整体性，是主体对各客观刺激物的统一，而对客观刺激物有目的的选择，就是知觉的选择性。主体外在环境发生变化并不会影响主体知觉对刺激物的映像，这体现出知觉恒常性的特征。

感觉和知觉都属于人类心理对客观刺激物的内在认识，个体根据客观活动做出主体经验性判断，从而在头脑中建立感知映像，最终做出行为选择。感知技能帮助人类学习知识和技能，感知活动又为感知技能的学习提供先决条件。个体对事物的全面认识需要个体学会借用多种感官去感知客观刺激物，这是个体学习技能的关键所在。可以说，感知技能是知识或技能学习的基础。

2. 体育教学技能形成的感知阶段

（1）选择适应阶段

体育教学技能形成需要一个选择适应的过程，即由起初的概念化模糊理解逐渐发展到整体性理解。体育教学技能学习是循序渐进的过程，学生在体育教师的指导下，通过动作示范展示等方法，在单元教学基础上形成对技能的整体感知，最终掌握较为全面的体育教学技能。在对体育教学技能形成整体感知后，学生仍需要以反复练习的方式来加深对体育教学技能的理解。

（2）理解加工阶段

信息获取后，个人需要凭借知觉对信息进行理解加工。此过程需要体育教师通过肢体语言或者是其他形式的展示来提示学生，学生需要借助知觉来找到与此信息内容相符的经验、知识，把碎片化的信息补全为整体，进而对信息进行精确分析。教师教学方案用于指导课堂教学，学生理解教师的教学方案能够加深其对课堂信息内容（如教学重难点等）的认知。由此可见，体育教师通过编制教学方案，可以促使自身加深对体育教学技能各类别关系的理解。

（3）巩固恒常阶段

学生学习体育教学技能需要反复练习，这一过程即为巩固恒常阶段。此阶段学生对体育教学技能的感知映像需要及时更新，将自己头脑中的主观经验表象与客观刺激物建立联系并加以强化巩固。因此，学生需要对体育教学技能保持持续性的巩固练习。

3. 体育教学技能感知训练过程

（1）感受性变化

学生学习体育教学技能是通过感受性变化而形成的，也就是通过个体的感觉器官来建立对体育教学技能的主观认知，这一感受认知过程表现为适应、对比和相互作用。体育教学技能感受性变化借助多种感知觉，如深度知觉、肌肉知觉、节奏知觉等，以此提高个体知觉分化水平，最终使自身能够加深对体育教学技能的理解。此外，体育教师需要通过多种技能训练形式帮助学生提升对体育教学技能感知的感受能力。

（2）整体理解性

整体理解性是指个体在头脑中形成对客观刺激物的主观映像，并将客观刺激物不同属性部分组成整体，凭借知觉经验对其进行理解。学生对体育教学技能的理解建立在对体育教学技能各属性认知基础之上。学生通过感知对体育教学技能形成的整体理解具有恒常性。因此，在学生对体育教学技能感知训练的过程中，学生主体能够加深对信息内容的整体性理解，并掌握体育技能构成要素，最终实现对体育技能的感知使用。

（二）体育教学技能形成的心智过程

1. 心智的特点与作用

心智是个人内在心理对外在事物的经验看法，其表现为由长期学习积淀形成的一种心理认知活动。心智具有能动性的特点，作为一种心理认知活动，其能指导个体思维认知，影响个体对事物认知的思考。心智形成是个体行为不断做出调整适应变化因素的过程，这表明心智还具有修正的特点。

心智能够指导个体对事物作出经验判断，这体现了心智具有指导个体思维认知的作用。个体器官对外部刺激的经验性反应，来源于心智长期积淀形成的主体性经验认知，是建立在个体器官对信息刺激的反馈基础之上的。心智指导个体思维认知，表明其对个体解决问题有着直接作用。在主体经验性认知的指导下，心智可以调节主体对事物变化的因素做出判断、选择、确定、执行等活动，进而解决问题。心智在帮助个体解决问题的同时，能够促使个体形成技能。技能是在获得经验性认知、解决问题后形成的，在技能形成的过程中，心智指导个体器官掌握某项方法或能力。

2. 体育教学技能形成的心智阶段

（1）原型定向阶段

心智的初始阶段，即原型定向阶段，需要由个体实践获得，也就是在实践基础上对事物变化因素产生经验性认知。个体掌握体育教学技能需要对此技能进行经验强化，以此形成对体育教学技能构成要素的认知，在了解了体育教学技能构成要素后，个体开始建立起初步的自我调节机制，以适应并用于指导对其他体育教学技能的学习和实践。体育教学技能的原始定向阶段则要求学习者理解其中的构成要素，学会体育教学技能中的内容编制、活动组织、学习指导技能，并适应体育教学技能的学习。在此阶段，对体育教学技能的训练需要通过实际操作加以强化。

（2）原型操作阶段

心智的实践阶段，即原型操作阶段。在对事物变化因素总结的经验性认知基础上，个体需要以原型操作的方式将其加以转化，也就是用实践性操作检验经验性认知。学习者对体育教学技能的经验性认知仅停留在基础理论阶段，而经由学习者主体实际操作形成的实践行为，则会在头脑中将经验性认知转化为完备的映像，并获得一种学习强化。因此，为了针对体育教学技能训练，体育教师需要开展多种形式的动作示范课，以增强学生的实际操作能力。

（3）原型内化阶段

心智活动过程是由经验性认知到实践性操作再到创造性转化的过程。在对经验性认知进行实际操作检验后，个体内心会形成对外在事物变化因素的主体性认知，这是由实践性操作到创造性转化、吸收的过程，个体的心智活动将趋于理性成熟。学习者学习体育教学技能需要对其进行创造性转化、吸收，将其理论及实际操作内化为头脑中的产物，最终在个体头脑中形成新的映像，以更好地使用体育教学技能。

3. 体育教学技能心智训练过程

（1）原型模拟

原型模拟体现为理论与实践相结合的过程，体育教学技能心智训练需要以实践操作为基础。原型模拟的对象是某种物化之后的产物，所以原型模拟操作就需要以确定模拟对象及模拟流程为基础。因此，针对体育教学技能展开的心智训练，就要以整个体育教学技能系统为基础，不仅要分析体育教学技能系统和事物外在变化因素的关系，还要分析体育教学技能系统内部各组成要素之间的关系，并在此基础上将二者（外部关系与内部关系）结合起来进行综合分析。对整体体育教学技能系统的综合性分析，要以实践性操作为依据对其进行检验，以此确定体育教学技能与学生主体之间的适用程度。原型模拟的意义在于主体对客体的作用或功效，反映在体育教学中就是体育技能对体育学习者的实效性。对于体育教师来说，要想提高体育教学实效，就要多参加诸如体育教学技能大赛等活动。

（2）分阶段练习

体育教学技能内部由多种技能要素构成，各技能要素之间又相互联系。因此，体育教学技能心智训练需要明确阶段性概念。体育教学技能中的内部技能要素体现出个体心智活动变化的过程，个体在每个阶段所呈现的不同的心智活动变化使得内部技能要素也呈现出阶段性特点。因此，体育教学技能心智训练要分阶段练习，对已经学习掌握的技能要素要学会拓展性运用，对未学习掌握的技能要素，则要根据个体学习需求分阶段展开练习。分阶段练习旨在培养体育教学技能心智训练的整体性，所以个体要注意内部技能要素之间的联系。

（三）体育教学技能形成的操作过程

1. 操作的特点及作用

操作，意为个体将所学理论用于实际执行中，最终实现理论成果的创造性转换。操作本质上是一种学习过程。技能的掌握离不开操作这一实践过程，而操作实践又需要理论知识作为支撑。操作的过程是检验与强化个体经验性认知的心理活动过程，通过操作，个体能够更熟练地理解和使用技能。操作能够改变个体头脑中的固有理论映像，将其转化成具有实际意义的行为活动。因此，操作又为技能形成与发展提供实践依据。体育教师开展体育教学技能训练时，要通过操作这一过程，让学生理解、掌握体育教学技能，最终达到熟练使用体育教学技能的教学目标。

2. 体育教学技能的操作阶段

（1）定向阶段

操作行为是以操作原则为依据，根据操作对象的主体特征，在大脑中形成的定向的操作映像的过程。体育教学技能反映体育教学的主体特征，操作者需要根据体育教学的原则，在大脑中对体育教学技能各组成要素加以解构，形成了定向的教学操作方式和教学操作流程。操作是在客观存在的实际活动中进行的，操作主体需要根据已有的经验认知，对实际的操作活动进行解构，依次分析各操作要素，据此在大脑中形成操作具体方式和具体流程，确立操作的阶段性定向分析。体育教学技能操作定向阶段，旨在使学习者在大脑中确立操作阶段性计划与目标，帮助学习者有效运用体育教学技能，将体育教学技能更好地运用到实际的操作活动中。

（2）模仿阶段

模仿阶段是指个体对与操作对象具有相似特征的要素进行模仿。通过模仿，个体大脑中形成的间接性操作经验认知会直接作用在操作对象本体上。模仿既可以是有目的或无目的模仿，也可以是直接模仿或转化模仿。在体育教学技能过程中，个体的操作模仿以大脑中形成的定向映像为基础，通过有目的、转化性的模仿，将所学习的技能以实际行为方式展示出来。对体育教学技能的操作模仿使学习者对体育教学技能的理解由模糊到逐渐清晰，基于此形成的认识，又为学习者掌握体育教学技能提供了基础。体育教学技能使用操作模仿，其作用主要有以下两点：一是能够强化学习者对技能的理解与把握，从而可以更加熟练地使用体育教学技能；二是能够使学习者对体育教学技能各部分要素加以转化，加强对技能实施的控制。

（3）联合阶段

体育教学技能的操作联合是将体育教学技能中各部分要素加以整合，使内部各技能要素之间相互联系。体育教学技能是作为整体而存在的，在定向阶段和模仿阶段，学习者只是将大脑中的各部分技能映像通过行为方式加以展示出来，并没有将各部分技能要素加以串联成统一的整体。体育教学技能的操作联合，能够使学习者系统性地将各部分技能要素组合起来，提高学习者对体育教学技能的综合利用。在个体对体育教学技能的操作联合作用下，各部分技能要素之间的联系性加强，并共同作用于个体对体育行为活动的选择。因此，该阶段是体育教学技能形成与发展的关键阶段，也是由操作模仿到操作自动化的过渡阶段。

（4）自动化阶段

技能发展到高级阶段，就是个体能根据事物变化因素做出技能调整，使技能操作更好地适应事物的变化与发展，这一阶段也被称之为技能的自动化阶段。经过技能的操作联合，大脑中已经建立起技能的操作机制，即各技能要素的相互协调适应。在体育教学技能的操作自动化阶段，体育教师可以根据体育教学内容、教学目标、教学环节等因素发生的变化，做出灵活性的调整，使体育教学技能更具有针对性，这一过程是由大脑已经建立起的技能操作机制来完成的。因此，体育教学技能发展到操作自动化阶段，个体操作活动方式会更加成熟完善。

3.体育教学技能操作训练过程

（1）操作定向

学习者进行体育教学技能操作定向训练，头脑中需要形成技能操作意识，即建立技能操作自我调节机制。技能操作定向以学习者对操作训练对象、操作技能的主体认知为基础，在体育教师对技能动作示范与讲解下，学习者头脑中能够形成技能操作意识，进而完成对技能操作的训练。在体育课堂教学技能训练过程中，体育教师要使学习者理解技能操作的基础理论，在理论基础上通过动作示范等多种实操教学方式，帮助学习者加深对技能操作的定向映像。

（2）操作模仿

技能操作训练需要有一个模仿的过程。技能操作模仿建立在对技能操作理论的理解基础之上，是个体对技能操作理论认知的调整与完善，能够帮助个体形成对技能操作理论的定型。体育教学技能结构要素多样，且内部各要素之间具有相应差异，而操作模仿训练的目的就是让学习者能够认清各要素的不同特点，最终实现技能操作由部分到整体的结合。在操作模仿训练阶段，体育教师要编制明确的教学时段任务，使学习者分阶段练习技能操作，掌握各部分技能要素的结构特点，在此基础上通过体育教学实践课，实现对技能操作模仿的整合训练。体育教师尤其要注意学习者在操作模仿训练时生成的问题反馈，根据学习者的问题反馈适当调整体育教学技能训练。

（3）操作整合

基于操作模仿训练形成的技能各要素之间的整合，是体育教学技能操作训练的阶段要求。体育教学技能是作为整体而存在的，如果学习者仅掌握其中部分技能要素，是无法完成体育教学技能操作训练要求的。体育教学技能内部各要素之间是相互联系的，学习者需要掌握其内部要素之间的联系特征，并在体育教师的讲解示范下，对体育教学技能进行系统化训练，强化自身对体育教学技能的综合使用能力。在体育教学技能操作整合阶段，学习者要针对体育教学技能各要素特点进行专门训练，同时也要在此基础上建立对技能操作训练的系统使用意识。

（4）操作熟练

技能操作训练会由基础期发展到成熟期，操作熟练意味着学习者能够灵活使用体育教学技能以适应事物变化因素。学习者对体育教学技能的反复训练，让其大脑中已经建立起成熟的体育教学技能调节机制，能够根据事物变化因素做出灵活调整，最后顺利完成体育教学技能训练任务目标。体育教师可以定期开展体育教学技能公开课，增进学习者之间的技能训练交流，提高学习者自身的技能操作训练熟练程度。在开展体育教学技能公开课过程中，体育教师要注意维持好课堂秩序，技能训练交流要保持较为活跃的课堂氛围，同时还要使公开课具有指导性，即体育教师可以根据学习者在技能训练交流过程中出现的问题反馈，进行技能指导。因此，体育教学技能操作训练程度离不开学习者之间的交流及体育教师的指导。

第三节 不同体育项目的技能训练分析

一、足球

（一）足球运动概述

足球运动发展历史悠久，其发展历史大致可分为古代和现代两个阶段。古代足球运动起源于中国，根据已有的可考证的资料，战国时期盛行的"蹴鞠"（亦称"蹋鞠")有着鲜明的足球游戏特点。唐朝时期，足球运动进一步发展，最具代表性的标志就是场地器材的发明创造，主要包括"充气的毯""设立毯门"这两种，"蹴鞠"游戏受到追捧并且传至日本。

现代足球运动发源地是英国。现代足球运动兴起的标志是1900年足球运动被列为奥运会正式比赛项目，1904年，国际足球联合会（FIFA）的正式成立，推动了足球运动全球化发展的进程。至此，足球运动发展成为世界大型体育运动项目之一。如今，国际大型足球赛事主要以世界杯男子/女子足球赛、奥运会男子/女子足球赛为主要代表，其中世界杯男子/女子足球赛体现了世界足球的发展水平和发展进程。足球运动受到世界范围内国家、地区或组织的重视。

1840年，足球运动从英国传入中国。在中华人民共和国成立前，体育界积极组织运动员参加远东运动会足球赛和奥运会足球赛。中华人民共和国成立后，党政机关更是高度重视体育运动的发展，尤其是重视"三大球"（足球、篮球、排球）运动项目的发展，足球运动得以在全国范围内普及发展。1994年，中国足球正式步入职业化，足球改革实现了从体制到赛制的一系列突破，中国足球也因此进入了短暂的"黄金发展期"。2015年，中国足协发布《中国足球改革发展总体方案》，进一步健全完善了中国足球发展体系，该方案提出中国足球要确立阶段性目标，即近期要理顺足球管理体制，协调足球管理模式；中期要培养大批青训队员，同时提升各级别足球联赛竞技水平，中超联赛竞技水平要居于亚洲一流，国家男足排名重返亚洲前列，国家女足排名重返世界一流强队；远期预申办足球世界杯，同时使国家男足进入世界杯队伍，国家u23男足进入奥运会队伍。2016年4月，国家发改委发布《关于印发中国足球中长期发展规划（2016—2050年）的通知》，这是首份关于足球长远发展的明确规划。自此，打造"世界足球一流强国"的目标写入中国足球发展进程。

虽然我国足球运动发展历史较为悠久，其间，足球运动水平也出现短暂的"黄金期"，但整体水平却仍与世界强国相去甚远。将中国国家男子足球队和中国国家女子足球队分开阐述。总体上看，中国国家女子足球队（以下简称"中国女足"）成绩表现优异，排名一度位居世界前列，2022年更是再次勇夺亚洲冠军，并成功获得2024巴黎奥运会入场券。相较于中国女足，中国国家男子足球队（以下简称"中国男足"）成绩表现平平，世界排名长期保持在70名左右，在亚洲地区国家队成绩呈下滑趋势，在2022年卡塔尔世界杯亚洲区预选赛上，中国男足40强赛发挥出色，成功入围12强赛。近几年，中国足球职业联赛再次受到球迷广泛关注，卡拉斯科、奥斯卡、费莱尼等大牌球星的加入，里皮、卡佩罗、马加特等世界名帅的入主,大大提升了联赛竞技层面的观赏性,中超俱乐部在亚洲赛场成绩发挥出色,一度引起欧洲主流媒体的关注。

(二)足球运动教学

1. 足球运动基本技术教学

(1)颠球技术

颠球是指运动员利用肢体有效部位做反复触球动作,使足球连续转动的同时又不能落地。该技术主要可分为五种训练方法。

第一种是利用脚背内侧做反复触球动作。持球人要掌握支撑点力度,将重心转移到一侧立足,同时一侧单腿要稍微放松。

第二种是利用脚背正侧部位(脚背正面)做反复触球动作。持球人同样要掌握支撑点力度,单脚要结合腿部做反复触球动作,同时单脚正脚背踝关节部位要注意发力时机。

第三种是利用大腿做反复触球动作。持球人需要控制触球大腿肌肉松弛度,无须触球的大腿则要掌握支撑力度。持球人要注意使用大腿稍前部分触球。

第四种是利用头部做反复触球动作。持球人要注意控制好头部力度,此时双脚左右开立,但角度不宜过大,两膝微屈,两眼要紧盯球的轨迹。持球人要注意使用头部前额部位触球。

第五种是做挑球过人动作。挑球是颠球技术中难度最大的一种,做该项技术动作时,持球人需要控制支撑脚重心,保持双膝略微弯曲,支撑脚要同球后半部分保持 30 厘米左右距离,支撑脚的前脚掌要迅速拉球,同时利用脚趾背做挑球动作。持球人同样要控制好力度。

(2)踢球技术

足球运动员需要掌握不同的踢球技巧,无论是前后场开球、角旗区开球还是跑动过程中的转移球,都需要良好的踢球水准。踢球是指足球运动员使用脚的不同部位作击球动作。该技术主要可分为三种训练方法(分别以前场定位球为例)。

第一种是使用脚背正面踢球。开定位球时,踢球者要借助小范围跑动发力,眼睛要注意对方守门员及人墙站位,同时,触球脚脚尖要与出球方向一致,正脚背要保持力度,使用前脚掌击球;支撑脚要略微弯曲,将前脚掌与球后半部分对齐,双臂可适当摆动,如图 5-1 所示。

图 5-1　脚背正面踢球

第二种是使用脚部内侧踢球。开定位球时，踢球者同样要借助小范围跑动发力，触球脚脚尖要与出球方向一致，要注意胯骨对触球脚的支撑作用，触球脚踝向外侧分开，脚尖稍微朝上，使脚内侧与球接触，注意控制触球点；支撑脚要放在出球后方大概 15 厘米处，如图 5-2 所示。踢球时，持球人要根据对方守门员及人墙站位调整发球角度和速度，同时也要借助双臂摆动适当增加出球力度。

图 5-2　脚部内侧踢球

第三种是使用脚背内侧踢球。开定位球时，踢球者要先调整自身与球的站位，使自身和球保持夹角关系，然后采用小范围斜线跑动的方式出球。触球脚背内侧要踢球的后下方，同时注意保持脚背的力度，脚趾扣紧，脚尖朝下；支撑脚要放在出球后方 25 厘米处，脚尖稍微朝上，如图 5-3 所示。

图 5-3　脚背内侧踢球

（3）停球技术

停球是指运动员跑动过程中接球时部位运用是否得当。停球是足球运动员需要掌握的基本功，在比赛过程中，停球的好坏直接影响教练组技战术的安排。该技术主要分为五种训练方法。

第一种是利用脚内侧停球。在面对地滚球、反弹球、空中球三种情况时，运动员停球部位技巧有所区别。地滚球多是队友间的传接球。处理地滚球时，球员要根据来球线路及速度判断停球力度，脚内侧正向接球的同时要迅速后撤，留有停球空间，脚面保持与地面接触，脚尖要略微抬起，保持来球惯性，如图 5-4 所示。脚内侧侧面接球，触球脚略微抬起并向外侧分开，要轻微触球，这样可以防止停球过大，要注意支撑脚的位置及角度变化，支撑脚以前脚掌为轴适当转动，身体保持移动。

图 5-4　脚内侧停地滚球

反弹球是来球落点与地面接触后形成的轨迹变化，反弹球因球运行轨迹发生变化，因而使球员难以准确判断。球员停反弹球时，要提前根据经验移向球落点位置，眼睛需要随时紧盯球的运行轨迹，触球前，触球一侧腿部肌肉要保持松弛，腿部略微提起，触球脚脚尖小幅度上抬，脚内侧与地面保持夹角，触球时腿部要向球落点摆动，脚内侧轻触球的前半部分；支撑脚要在触球脚的前侧，支撑腿稍微弯曲。停反弹球最关键的是要判断球的落点，然后注意停反弹球的力度，如图 5-5 所示。

图 5-5　脚内侧停反弹球

空中球多是球员向前或向后大脚开球，空中球球速相对较快，球的运行轨迹和落点则相对容易掌控。处理空中球时，根据球速调整触球腿上抬幅度，脚内侧迎球要注意轻触球，这是因为空中球球速本来就较快，触球的同时，触球脚要稍微后撤，留有停球空间，如图 5-6 所示。

图 5-6　脚内侧停空中球

第二种是利用正脚背停球。正脚背，即触球脚部正面（鞋带端）。正脚背多用在停下落球，在触球前，球员需要调整身体站位，身体要面向来球方向，根据出球点、球速和运行轨迹，判断落球点，支撑脚要提供力度支持；触球时，触球腿部膝关节要保持弯曲放松，触球脚部位置要向后移，这样也是为了留有停球空间。球员需根据传接球想法调整停球站位，将球停在身体侧前方，触球脚部位需稍微上抬，拉紧脚部踝关节，控制停球力度和角度；将球停在身体侧后方，触球脚脚尖要上抬，触球时触球脚部及腿部同时后撤，拉紧脚部踝关节，将身体调至传球方向。

第三种是利用脚底停球。在面对地滚球、反弹球两种情况时，运动员停球部位技巧有所区别。脚底停地滚球，球与鞋底会产生摩擦，球员要适当掌握停球力度。触球前，球员需将身体调整至迎球方向，触球腿部一侧向上抬起，保持腿部膝关节弯曲，保持脚底（鞋面）与地面的夹角，脚尖触地，前脚掌触球将球停住；支撑脚则要在球的一侧保持平衡。脚底停反弹球和上述几种停球技巧相同，球员需要掌握好反弹球的轨迹落点，迎球时，触球脚前脚掌保持略微伸直状态，将球停在身体前侧，支撑脚在触球脚后侧位置，需要注意，前脚掌只需接触球面的三分之一即可，停球后，触球脚可以拉球后撤，支撑脚同时与触球脚后转，将球传至身后球员。

第四种是外脚背停球。外脚背，即触球脚部外侧（鞋侧端）。该停球技术难度大，触球外脚背向身体内侧做拨球动作时会出现假动作。在停地滚球时，触球腿部位要上抬微屈，脚背朝外，小腿随脚背做转体动作，与地面形成小范围夹角，支撑腿膝关节微屈。停球后推球时，触球脚背向外侧拨动，大腿肌肉保持拉紧状态，跟随脚背拨球转动，球要离开地面约 10 厘米，如图 5-7 所示。在停反弹球时，球员首先要判断球速及落点位置，触球前，支撑脚在触球脚后侧；触球时，触球脚背向外拨球，腿部上抬并做转体动作。除需判断球的运行轨迹、落点外，停反弹球动作与停地滚球动作一致。

图 5-7　脚背外侧停地滚球

最后一种是利用胸部停球。胸部是触球的有效部位，挺胸触球前，球员两脚要左右开立，两腿膝关节稍微放松，保持腿部重心支撑作用，身体上端稍微后倾，嘴巴下端下收，两臂微张，保持身体上端平衡；触球时，两脚要借助地面发力，两腿膝关节绷紧，使用胸部触球的下部，保持球的下落弹性，由胸部停到脚尖，如图 5-8 所示。如果球的运行高度较低，球员就需要保持两腿膝关节弯曲，双臂自然外扩上扬，以防停球时触及手臂，两脚掌要紧贴地面，保持身体平衡。

图 5-8　挺胸式停球

在收胸触球前，双臂要自然略微下垂，外扩胸部；触球时，胸部收缩，两腿交叉分开，待球下落反弹后，及时用脚控制球的惯性移动。球员还需保持身体的平衡，如果胸部停球后，球位于身体两侧，球员就需要及时调整身体站位，保持和出球方向一致，如图 5-9 所示。

图 5-9　收胸式停球

（4）运球技术

运球是指跑动过程中带球前进的技术动作。在球场上，球员通过运球形成过人突破，进而转化为射门机会。该技术是球员要掌握的基础动作之一，主要分为五种训练方法。

第一种是脚内侧运球。当队友间传接球配合或是背身倚人寻求突破时，球员常会使用此种技术动作。球员运球前，支撑腿保持重心不变，腿部膝关节稍微弯曲，脚在球的侧前方；运球时，触球脚保持节奏变化，腿部跟随脚部运球进行摆动，双侧肩部保持平衡并朝向运球方向，触球脚与地面接触时，要保持灵活，身体保持前倾，以便随时准备运球突破过人。

第二种是正脚背运球。当对方球员防守没有落位时，球员常会使用此种技术动作。球员运球前，要注意身体的协调性，保持跑动姿势，随时准备突破过人；

运球时，身体上部稍微向前移，减小触球脚跨动幅度，腿部稍微抬高，腿部关节要保持稍微放松，脚尖指向球场地面，脚尖落地时用脚背正面带球。

第三种是外脚背运球。当对方球员贴身紧逼防守时，球员常会使用此种技术动作。球员运球前，同样要保持跑动姿势，寻求与队友的配合；运球时，身体上部稍微向前移，减小触球脚跨动幅度，膝关节保持稍微松弛状态，胯骨部位要有向前推的力量，触球脚脚尖朝内旋，脚背外侧保持运球间歇频率。如遇到对方球员防守小动作干扰时，运球球员需要转动脚腕，身体上半身保持平衡力量，背身倚靠对方防守球员，尝试改变运球方向和运球频率，并随时寻找传球线路，将球传至本方球员脚下。

第四种是内脚背运球。当寻求转移线路或消耗对方球员防守注意力时，球员常会使用此种技术动作。球员运球时，身体稍微向前移，侧对运球方向并保持协调放松；运球时，减小触球脚跨动幅度，胯骨部位要有向前推的力量，触球脚脚尖朝外旋，脚尖落地时用脚背内侧带球。该运球技巧多用于低速跑动中，触球脚与支撑脚配合频率较高。

第五种是拉球。最常见的就是转身拉球动作，其多用于躲开对方球员防守逼抢。拉球运球时，背对防守球员，支撑脚在触球脚侧后方并保持重心前移，触球脚脚尖向前拨球，脚尖接触球面三分之一部位，转动身体，把球向一侧推开，快速越过对手，然后继续保持带球姿势前进。

（5）头球技术

头球，顾名思义，就是用头部有效部位向前或向后顶球。头球是定位球破门或运动战破门高效得分的方式，也是化解对方球员高空球传球的有效方式。该技术是球员要掌握的基础动作之一，主要分为两种训练方法。

第一种是利用头部前额部位（也就是常说的"脑门儿"）正面顶球。如遇本方球员开定位球时，球员需借助小范围跑动迎球顶球。此时，球员双眼需紧盯球的落点，双脚稍微叉开，双腿膝关节弯曲，双臂自然微张（摆动幅度不宜过大），双脚要有向上的弹力，根据球速顺势调整头部摆动幅度，最后利用头部前额部位将球顶进对方球门，如图5-10所示。

图 5-10　前额正面头顶球

如遇本方球员跑动中下底传球时，球员则需快速前插跑出落点空当。跑动顶球与定位球顶球动作一致，球员只需注意一点，即前插时机要恰好符合球的落点时机，这样才能保证将球顶进对方门框范围内。无论是定位球头球还是运动战头球，球员都需要保护好头部及脚踝，防止出现轻微脑震荡或脚踝扭伤情况。

第二种是利用头部前额部位侧面头顶球，包括跑动顶球和起跳顶球两种，动作技术要领无多大区别。侧面头顶球，球员需侧对球门，根据传球线路的运行轨迹判断大概落点，双脚要保持叉开，双眼紧盯球，膝盖保持稍微弯曲，双臂呈"L"姿势，惯用脚和支撑脚要保持力量均衡，同时借助地面弹力向上跳动，跳动过程中，头部前额位置要接触球的中间部分，加大摆动幅度，用力甩头攻门。如遇本方球员跑动下底传球时，球员要使身体正面迎球，侧对球门，起跳时要注意身体的平衡性，当身体起跳到最高时，要紧跟球的落点，迅速扭动头部做侧面顶球动作，落地时要留有缓冲动作，以防肌肉拉伤，如图 5-11 所示。

图 5-11　跳起前额侧面头顶球

（6）抢/断球技术

抢球或断球是指将球从对方球员脚下拦截，防止对方出球反击。抢球或断球在正式比赛中最为常见，抢球或断球成功与否，关系对方持球反击成功与否，甚至会关系对方射门得分结果。该技术是球员要掌握的基础动作之一，主要分为三种训练方法。

第一种是正面拦截。防守球员在正面抢断进攻球员脚下球时，防守球员双脚要呈跑步姿势，双腿肌肉拉紧并降低重心，采取贴身紧逼的防守策略，以保证双脚能够到进攻球员脚下球，防守球员要保持双脚跨动幅度，这样可以随时应对进攻球员做持球转身动作。在正面拦截时，防守球员需用惯用脚内侧抢断球，支撑脚保持身体平衡力度，如出现互相拉拽动作，要尽量保持身体站稳，在用脚内侧抢断球后，迅速将支撑脚前移，找出传球或解围线路，如图5-12所示。

图5-12 正面跨步堵抢

第二种是利用小动作抢断球。防守球员要综合利用双手臂及双腿脚，防守时要尽量扩大单人防守面积，双臂适当张开，双手小幅度拉拽进攻球员手臂，合理利用肩部冲撞进攻球员，这样可以破坏进攻球员在持球前进时的身体平衡性，使进攻球员触球脚频率发生变化，影响其带球节奏，如图5-13所示。

图5-13 合理冲撞抢球

第三种是利用非惯用脚铲球。当防守球员与进攻球员同侧跑动时，受跑动速度及持球线路的影响，防守球员防守难度会相应增加。此时，防守球员就要借助单侧脚提前铲断进攻球员带球线路。单侧惯用脚需要保持发力点，单侧非惯用脚沿地面快速做铲球动作，如图 5-14 所示。

图 5-14　异侧脚铲球

（7）守门员技术

守门员技术动作是专门针对守门员而言的。守门员负责扑救、拦截对方进攻球员的射门，所以被称为本方队伍的最后一道防线。该技术主要分为六种训练方法。

第一，要提前选好站位。守门员难以做到全方位、无死角扑救，故选位就变得尤为重要。当对方球员持球进攻时，本方守门员需要根据对方传球线路判断其传球意图，如遇对方单人持球进攻时，应选择果断出击，封堵对方射门线路，或者是根据对方射门线路，及时调整站位，手脚并用扩大扑救面积；如遇对方后场长距离射门时，应尽量靠近球门位置，避免形成折射或吊射。

第二，要做好站位姿势。守门员要保持身体肌肉的松弛度，使扑救、出球等姿势更为灵活，双脚要左右开立，双膝要略微呈"弓"形，脚后跟重心要前移到脚掌上，上体稍前倾。

第三，要做到接球动作。守门员需要掌握接空中球和接地滚球这两种动作技术要领。在接地滚球时，守门员尽量保持身体前倾；如需双腿俯卧式接球，则双臂要向内弯曲，双手手指保持并拢，掌心或向前或相对，接球时要将球抱在胸前，防止球脱落；如需单腿跪撑接球，则要保持支撑腿的重心，膝关节保持灵活，脚跟后撤，调整双手抱球姿势。

接空中球时，守门员要根据球速及落点调整向上弹跳的力度。起跳时，无论是侧面接球还是正面接球，守门员都要保持双臂上抬并高于头部，双脚要稍微呈分开姿势，接球时，双手手掌掌心朝内；落地时，守门员双手要紧抱球两侧位置，防止球脱落，还要保护双脚踝关节部位，防止韧带发生扭伤。

第四，要做到托球动作。守门员要正对来球方向，根据球运行轨迹判断接球位置，双手臂要与球近侧接触，手掌朝上，手腕要推动手掌发力，把球托向球门底线一侧。

第五，要做到击球动作。守门员击球要保持握拳手势，通过用单拳或双拳的方式将球击向门框两侧。防角球时，守门员身体一侧面向角旗区，当球接近头部位置时，快速起跳握拳发力；双拳击球动作，守门员要在对方球员发球前保持双拳在胸前相对，当球接近头部位置时，快速起跳并双拳发力。

第六，要做到扑球动作。守门员扑球分为倒地侧扑和跳起抱球两种。倒地侧扑是对方球员近角贴地射门或倒三角回传时，门将做出的扑救动作。守门员要盯紧对方球员倒三角回传线路，当球靠近扑救范围内时，身体向前侧抛，双手臂向前伸，单侧支撑脚蹬地发力，跨脚前移，双手掌朝外侧扑球或紧抱住球。跳起抱球是对方球员下底传中或发定位球时，门将做出的扑救动作。守门员同样要盯紧下底传中时的来球线路，两脚要有向上的弹力，尽量将身体甩向球下坠的位置，双掌要借助手腕的力量紧抱球，以防球脱落。接球落地后，将球抱在胸前，然后起身。

2. 足球运动基本战术教学

（1）局部进攻战术

足球比赛进攻或防守都需要技战术，其中最常见的进攻技战术打法就是小范围的传接球。小范围传接球配合，能够快速突破防守球员的贴身紧逼防守，两个进攻球员可以在小范围空间内，以直塞或斜塞的方式传接球，如图5-15所示。

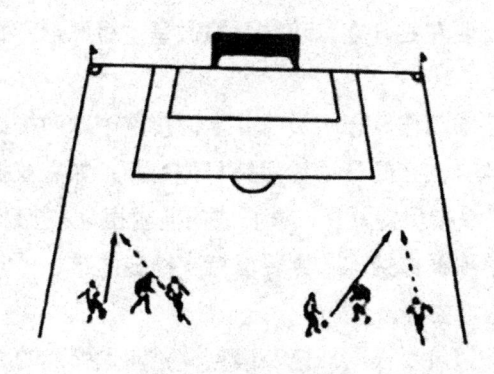

图 5-15 局部传切配合

当持球进攻球员遇多人防守时，可以快速转身长传球，将球转给无人防守的本方球员，这样就能形成一次好的带球进攻机会，如图5-16所示。

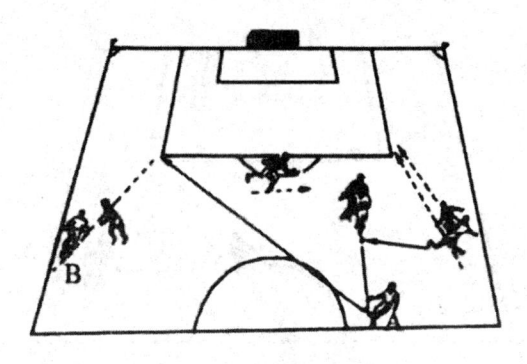

图 5-16　长传转移切入

进攻球员小范围配合，彼此要形成默契，如遇对方防守球员卡住带球线路时，本方其中一名进攻球员就要多跑动，吸引对方防守球员注意力。多跑动一是为了绕开防守球员的防守位置，二是为了跑出传球线路，形成快速持球突破。这种二过一的跑动传球技战术，最常见的有向前跑动直塞、侧面跑动直塞和向后做球这几种方法。其中，向前跑动直塞是持球进攻球员通过直塞的形式，将球传给侧向前跑动的队友，然后在传球的瞬间自己加速跑动，突破防守球员的防守，如图5-17所示。

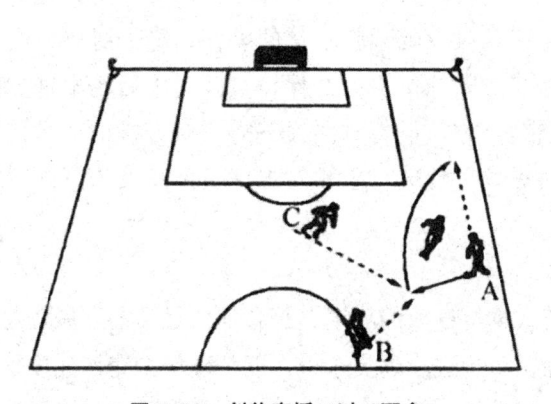

图 5-17　斜传直插二过一配合

侧面跑动直塞是持球进攻球员将球直向转移，接球队友从侧面斜向跑动，形成倒三角式的传接球配合，从而绕开防守球员的卡位防守。这种小范围的传递，需要良好的跑位，如图5-18所示。

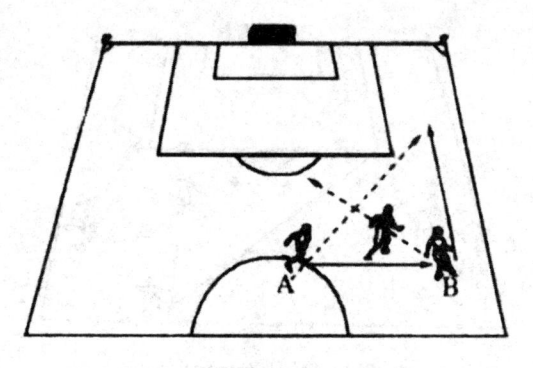

图 5-18　直传斜插二过一配合

向后传球是持球进攻球员向本方后场传球的一种方法。当遇到对方多名防守球员贴身紧逼防守时，持球进攻球员就应转身将球后传给队友，自己在寻求时机跑出空当，形成持球突破。

（2）局部防守战术

小范围防守是本方后场球员落位防守的技战术。落位防守可分为单对单防守和双人防守两种形式。在正式比赛中，一般较常采用双人配合防守，如贴身紧逼和补位。双人防守时，其中一名防守球员需要贴身紧逼对方持球球员，卡住对方进攻线路，注意对方处理脚下球的动作，降低身体重心，保持转身或贴身防守速度；另一名防守球员要做好保护，针对中后场出现的防守漏洞及时进行落位补防，以限制对方球员传球路线，防止对方接应球员持球突破。双人防守能够有效拦截对方球员传球，阻止对方球员发动反击，同时也能使自身形成反击机会。

（3）整体进攻战术

采取全员防守或全员进攻的战术，符合现代足球的发展理念。现代足球强调速度与力量的均衡，对于进攻球员来说，能在球场中跑出速度优势，就能形成一次有效的突破和射门良机。整体进攻中，最常见的两种战术是边路突破进攻和中路组织进攻。其中，边路突破进攻，主要依靠球员的速度优势，本方球员断球后，将球传给边线附近的球员，然后边路球员凭借速度优势带球突破过人，在进攻到对方后场时，选择下底传中或内切射门。中路组织进攻是在本方后场断球后，由本方中场球员组织发动的有配合的进攻，常见的就是边中结合的打法。整体进攻技战术能够充分利用球场宽度，消耗对方球员体力。

（4）整体防守战术

足球比赛中，攻守均衡的球队较为少见。在面对强队时，本方球队主教练可能会采取"以攻代守"的打法，也可能会采取"龟缩防守"的打法。当采取区域性整体防守时，常见的防守形式有"盯人"站位防守和混合防守。"盯人"站位防守，又被称为后场区域性对位防守，多用在对方开角球或前场定位球中。防守时，球员要保持位置感，也就是要及时跟进防守，限制对方持球人员的传球，干扰对方持球人员的心态。"盯人"站位防守最重要的一点，就是要明确防守职责，必要时要做好补位防守，防止出现因补位不当而使对方射门得分这一情况。尤其是在对方后场断球反击防守时，本方球员要互相保持语言和肢体动作交流，如遇对方持球突破防守时，球员之间需及时进行肢体动作交流，指挥队友快速回防，同时自己要也快速回追落位防守。"盯人"站位防守，需要后腰及后卫人员保持身体协调性，既要有回追的速度优势，也要有拦截卡位的力量技巧。混合防守与"盯人"站位防守不同的一点就是强调防守的灵活性，该防守常在对方断球反击时使用。当对方进攻球员断球形成快速反击后，距离对方持球队员最近的本方防守人员，应及时跟进回防，必要时可以在中圈附近或本方前场做出干扰动作，阻断对方球员带球或传球。灵活防守在现代足球防守理念中，被视为整体防守的关键部分。

整体回防时，不同的球队有应对不同进攻的回防策略。例如，在遇到对方断球反击后，本方需要派出两名球员破坏对方的反击，其余球员则要快速落位到防守位置。因此，这种回防策略又被称之为高压逼抢。采用高压逼抢的策略，一是快速阻断对方球员反击路线，降低其反击速度；二是有效阻隔对方球员传球空间，干扰其传球想法；三是及时反抢对方球员的脚下球，从而和另一名队友形成传切配合，使本方队伍形成反击。还有一种策略是有组织的回防，距离持球人最近的回防球员要及时跟进，贴身防守，这是该策略的核心，然后其余队员按照前中后场的布置，依次落位防守，对于前场锋线人员而言，在回防过程中，最重要的就是要做好断抢准备，能从对方球员脚下抢下球，进而形成反击机会。最后一种策略是密集式的防守，这种防守策略也被称之为"摆大巴"。密集式防守重在强调后场区域的防守硬度，在稳定后场防线的基础上，中前场人员要和后场人员形成紧密配合，既盯人又逼抢拦截，减小对方传球空间和传球线路，破坏对方渗透性配合，待本方球员第一时间抢断后，或是选择大脚解围，或是传至突前位置的队友，将球控制在本方队友脚下。该防守策略主要用在对付实力强劲的队伍中，或是在比分领先后主动寻求防守以拖延时间。

二、健美操

（一）健美操概述

健美操的形成与发展有着悠久的历史。健美操与音乐伴奏的结合，呈现出鲜明的节奏感和韵律感特征，从而带给观众视觉体验和听觉体验。健美操旨在增进练习者的动作协调性和柔韧性，在练习健美操前，练习者需要进行有氧运动，以保证后续健美操动作的有效开展。

健美操的雏形起源于古希腊。古希腊时期城邦人民崇尚身体运动，希望以多种形式的体育运动使身体塑性更为健美，"体操锻炼身体，音乐陶冶精神"这一思想主张，进一步增进了城邦人民的强身健体意识，这也为健美操运动的形成提供了思想基础。而在古印度流行的瑜伽术，同样是以保持身体塑性为锻炼目的，通过身心结合的方式，保持肌体放松，进而提高身体动作的柔韧性，这些动作逐渐被健美操所吸收。因此，无论是古希腊的体操还是古印度的瑜伽术，古时期人们产生的身体健美意识，推动了健美操运动的形成与发展。

现代健美操同样是经由西方国家演变而来。20 世纪初期，欧洲国家体操流派提出的理论及形成的实践创新，促进了现代健美操的形成。20 世纪 60 年代初，美国太空总署医生库帕博士设计的太空体能训练运动为被视为现代健美操形成的萌芽。1969 年，美国人杰姬·索伦森在综合现代舞和体操的基础上，根据现代人们运动需求及运动方式编创了健美操。20 世纪 80 年代初，美国影视明星简·方达成为现代健美操的全球推广者，她撰写的《简·方达健美术》一经出版便受到全球健美爱好者的关注，健美操迅速在全球发展普及。

现代健美操传入中国是在 20 世纪 70 年代末，这时的中国刚刚步入改革开放阶段，各种运动开始走入中国民众的视野。1982 年，中国青年出版社出版的《美，怎样才算美》这本书，选登了陈德星编制的"女青年健美操"和牛乾元编制的"男青年哑铃操"，"健美操"一词受到中国民众的普遍关注。1987 年，北京举办首届全国健美操邀请赛；1992 年，中国健美操协会在北京成立；至此，健美操这项运动在中国得到迅速普及，并与国际接轨。

现代健美操可分为"健身健美操""竞技健美操""表演健美操"三大类。虽然类型多样，但目的却都相同，即满足个人强身健体的需求。健美操运动建立在有氧运动练习基础上，练习者需要合理控制自身肌肉的松弛度，放松身心以保持动作平衡，同时还需要注意动作的规范性，使动作富有弹性和节奏感，这样才能促进练习者身体柔韧性和灵敏性的发展。健美操是有益于人身心调节的运动，坚持练习健美操，不仅可以协调人外在的身体动作，还可以修养人的内心。因此，健美操运动是促进个人身体健康的理想运动之一，这也正是大众所接受的主要原因。

（二）健美操教学

1. 健美操基本动作教学

（1）基本手型

健美操是多种肢体器官结合并用的运动形式。其中，健美操手型动作会影响健美操的视觉表现。

练习健美操手型，要掌握好手掌和手指的节奏变化，如图 5-19 所示。在合掌时，掌心朝外，手指要并在一起，不要出现弯曲的动作；在五指分开时，保持掌心方向不变，手腕发力；在握拳时，五指要紧紧握合，同时，使大拇指在其余四指的外侧上方；在手部向前推时，手掌掌心朝向推的一侧，五指保持放松状态，手腕要发力，使手掌微微上倾；在做西班牙舞蹈手势时，依次展开五指关节，从上到下依次为食指、中指、无名指，最后为拇指和小指，注意拇指和食指要贴在一起；在做芭蕾手势时，手掌掌心朝下，中指、无名指和小指略微贴在一起，食指和拇指分开，呈自然放松状态；在做一指式时，留有食指竖直向前，其余四指握在一起；在打响指时，注意拇指的位置变化，拇指在与中指摩擦后，到食指时出现响声，而无名指和小指则要略微握在一起。

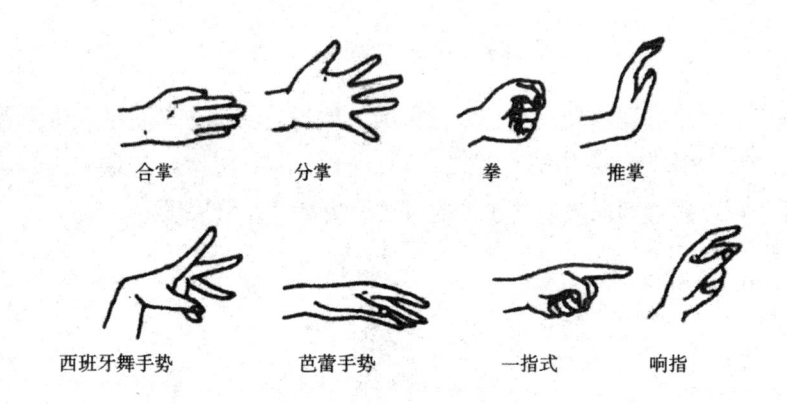

图 5-19　健美操基本手型

（2）头、颈部动作

健美操头部和颈部动作同样会影响健美操的艺术情感表现。练习健美操头部和颈部动作，要掌握好头部和颈部的转动变化。

首先，要做不同方向的颈部转动动作，如图 5-20 所示。头部和颈部一起朝不同方向有顺序的缓慢转动，两腿叉开，双臂紧垂双腿两侧，保持肌肉放松。

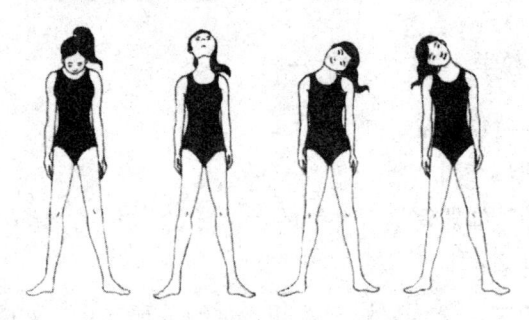

图 5-20　头、颈部动作：屈

其次，在左右转动颈部时，要注意保持头部的姿势，水平向左或向右平稳转动，如图 5-21 所示。

图 5-21　头、颈部动作：转

最后，在呈圆圈型转动头部和颈部时，要通过转动颈部带动头部变化。颈部运动时，以身体为轴心作同心圆式转动，如图 5-22 所示。注意动作的缓慢性和一致性，可以通过顺向或逆向转动的方式，提高动作舒展度。

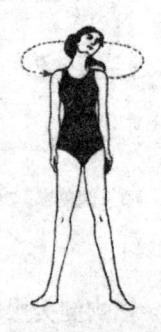

图 5-22　头、颈部动作：环绕

（3）肩部动作

健美操肩部动作旨在提升动作的协调性。练习健美操肩部动作，要依次带动肩部发生变化。

首先，在练习前，同样要保持双腿叉开，双臂紧垂双腿两侧，身体姿势不发生变化，肩部以身体为轴作单双肩垂直提拉动作，如图 5-23 所示。

图 5-23　肩部动作：提肩

其次，在练习下沉动作时，要保持身体的平衡性，双脚呈夹角状分开，肩部以身体为轴作双肩垂直下沉动作，如图 5-24 所示。

图 5-24　肩部动作：沉肩

最后，在练习转动肩部动作时，要保持身体的平衡性，双脚呈夹角状分开，肩部要做圆圈式的单双肩转动动作。在转动时，要尽量扩张肩部，如图 5-25 所示。

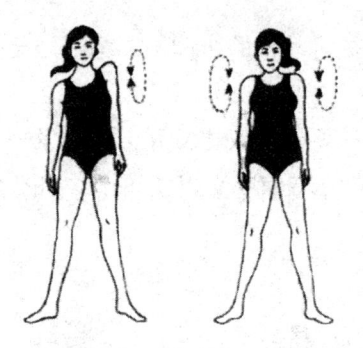

图 5-25 肩部动作：绕肩

（4）上肢动作

健美操上肢动作旨在提升动作的柔韧性。练习健美操上肢动作，要多类型地训练上肢。

首先，在练习前，保持双腿叉开；练习时，依次从不同角度提、落上肢。需要注意，该动作要控制肩关节转动幅度及力度，手臂要依次上扬和下伸，使双臂与头部、颈部保持平行，如图 5-26 所示。

图 5-26 上肢动作：举

其次，以手肘关节为夹角，做不同角度的屈伸动作，包括双臂胸前水平屈伸、双臂触肩垂直屈伸、双臂肩侧上下方垂直屈伸、双臂胸前垂直屈伸、双臂抱头屈伸。需要注意，手指应微拢，如图 5-27 所示。

图 5-27 上肢动作：屈

最后，双臂或单臂做转圈式环绕动作。需要注意，要以肩部为轴心，环绕动作要有节奏、有顺序；初次运动时，动作幅度不宜过大，以防肌肉拉伤，如图 5-28 所示。

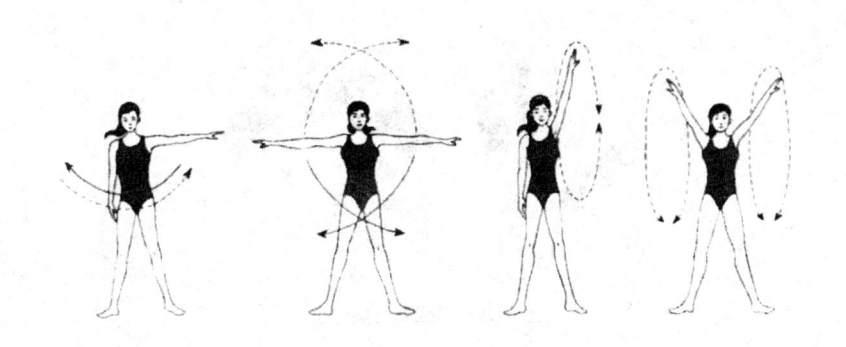

图 5-28 上肢动作：绕、环绕

（5）胸部动作

健美操胸部动作旨在提升身形的美感。练习健美操胸部动作，要注意保持身体正直。

首先，腹股沟部位要保持平衡，以腰腹为轴心，带动胸部两侧转动。注意保持动作节奏变化。其次，向内收胸，低头收腹，双肩保持自然下垂，稍微弯背，同时呼气；向外扩胸，要将目光正视正前方，双肩向外侧扩展，挺直腰背，同时吸气，如图 5-29 所示。注意保持身体协调性，手臂自然放于身体两侧。

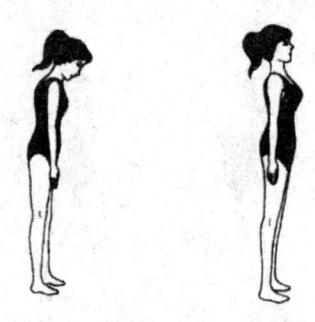

图 5-29　胸部动作：含胸、挺胸

（6）腰部动作

健美操腰部动作同样旨在提升动作的柔韧性和舒展度。练习健美操腰部动作，要注意保持韧带力度。

首先，练习前，可以先做几组热身动作，以舒展韧带；练习时，以缓慢下拉、上伸、侧拉的方式，提高腰部柔韧性，如图 5-30 所示。

图 5-30　腰部动作：屈

其次，保持双腿前后交叉站立，双手叉在腰间，以腰部为轴心带动身体左右转动。转腰时需要注意保持双腿、双脚重心平衡性，同时保持腰部的灵活性，如图 5-31 所示。

图 5-31　腰部动作：转

最后，练习腰部侧拉环绕动作，同样需保持腰部轴心作用，双臂保持上伸，身体下半身一侧保持重心不变，另一侧和双臂跟随腰部做环绕动作。需要注意动作的顺序性和节奏性，如图 5-32 所示。

图 5-32　腰部动作：绕和环绕

（7）髋部动作

健美操髋部动作是整套动作教学中关键的内容。练习健美操髋部动作，要注意控制力量幅度。

首先，练习顶髋动作前，一侧腿要保持支撑重心，另一侧腿要稍微内弯，双手叉于腰间；练习顶髋动作时，保持腰腹力量，做上下左右顶髋动作，双腿稍屈。需要注意，控制顶髋动作力度和节奏，如图 5-33 所示。

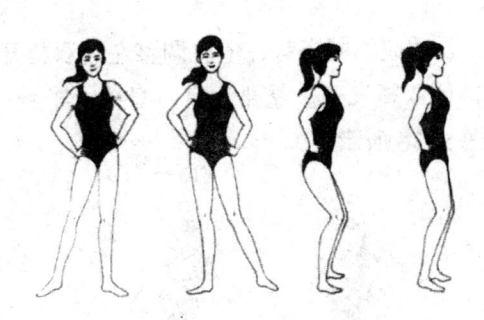

图 5-33　髋部动作：顶髋

其次，练习提髋动作，要内收双臂，保持一侧腿部灵活调整，另一侧腿起支撑作用。需要注意，做水平方向的提髋动作，要尽量控制力度幅度，保持与腿部的协调性，如图 5-34 所示。

图 5-34　髋部动作：提髋

最后，做髋部关节内收圆动作，要注意绕和环绕动作方向，如图 5-35 所示。

图 5-35　髋部动作：绕和环绕

（8）下肢动作

健美操下肢动作旨在提升动作的平衡性。练习健美操下肢动作，要注意动作的合理性。

第一，在练习前，要适应不同姿势，依次调整左右双腿开、闭程度；练习时，先使左右双腿直立，再使双腿叉开。需要注意，身体上半身保持身体正直，双腿叉开要与肩同宽，如图 5-36 所示。

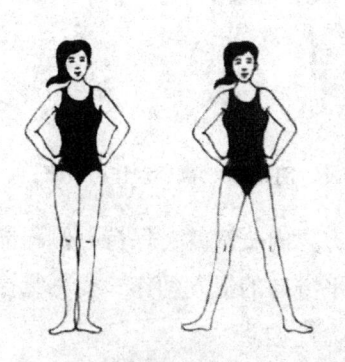

图 5-36　下肢动作：直立、开立

第五章 现代体育多元教学的技能训练

第二，练习下肢单侧脚点立，双手叉与腰间，保持身体上半身平衡，支撑脚保持重心站立，单侧脚轻微点地。需要注意，做此组动作要尽量舒展，要注意点立动作顺序，如图5-37所示。

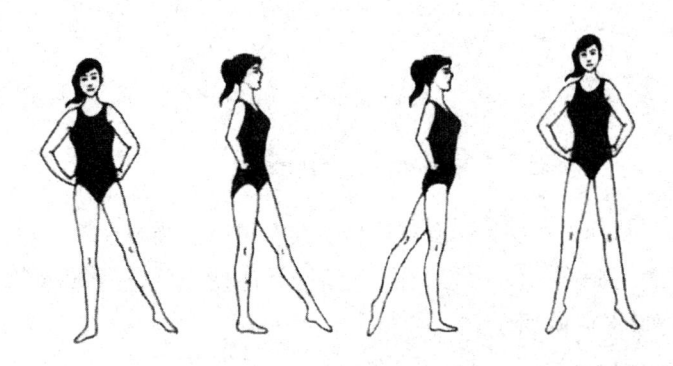

图5-37 下肢动作：点立

第三，练习下肢单侧脚前弓动作，同样要保持上半身平衡，双手叉与腰间，调整呼吸频率，单侧脚前弓幅度大致与肩同宽，单侧脚与支撑脚伸直弯曲交叉进行，如图5-38所示。

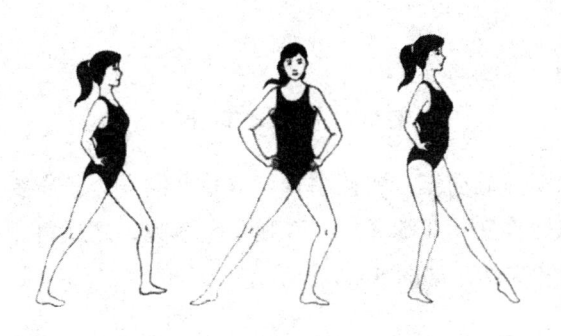

图5-38 下肢动作：弓步

第四，练习腿部前踢动作，双腿要交叉进行。需要注意，双腿交叉前踢节奏要灵活，如图5-39所示。

155

图 5-39　下肢动作：踢

第五，练习腿部踢弹动作，双腿同样要交叉进行。需要注意，腿部踢弹动作，先要保持向上抬起腿部，使其呈弓形，然后再将腿踢弹至与腰部垂直；踢弹动作要保持灵活，如图 5-40 所示。

图 5-40　下肢动作：弹

第六，练习双腿弹跳动作，要使手臂与双腿共同发力。需要注意，做弹跳动作，要依次完成双腿直立、双腿叉开、双腿交叉踢弹，之后再完成双腿合跳；要注意控制弹跳力度和弹性，如图 5-41 所示。

图 5-41　下肢动作：跳

2. 健美操动作组合动作教学

（1）髋部动作组合

健美操髋部动作要使躯干和上肢摆动共同发力，该组动作主要由移动顶髋、手臂收拉等构成，练习时要具有节奏性。

髋部动作训练，转动幅度小，步骤清晰明确，通过调整训练顺序，能够加强髋关节的舒展度。需要注意的是，如需以音乐为伴奏做髋部动作训练，则要选择轻快流畅、具有旋律节奏的音乐。髋部动作训练具体分为两个步骤：

首先，在髋部动作训练前，要调整身体姿势，保持双腿叉立，双手叉于腰间；练习时，单侧腿稍加内屈，上半身保持平衡，用髋关节依次向左、向右原地顶动。需要注意，髋部动作训练时，要控制动作幅度和节奏力度，如图 5-42 所示。

图 5-42　髋部动作组合：预备阶段

其次，在髋部动作训练时，先要使双臂配合双腿做顶髋动作。具体过程为：先使双臂内收平行与胸部，双腿内合；再使双臂自然下垂，单侧腿微屈内合；最后依次左右交叉进行顶髋动作。需要注意，单侧腿微屈内合方向与顶髋动作方向要相反，如图 5-43 所示。

图 5-43　髋部动作组合：第一个 8 拍（1-4）

在髋部动作训练时，再使双臂上伸交叉且高于头部。此时，双臂先是上伸交叉高于头部，头部稍微上抬；然后，双臂向两侧内收微屈，与肩部平行接触，头部向右侧转动；最后，双臂自然下垂至身体两侧，头部保持正对前方，如图 5-44 所示。

图 5-44　髋部动作组合：第一个 8 拍（5-8）

最后，双臂双腿共同做顶髋动作训练。先是左右臂依次在胸前做交叉收拉动作和前伸动作，如图 5-45 所示。

图 5-45　髋部动作组合：第二个 8 拍（1-4）

然后左右脚依次原地起跳两次，每次起跳，双手就在胸前击掌，接着是双腿叉合，两手叉腰，再次做起跳动作，如图 5-46 所示。

图 5-46　髋部动作组合：第二个 8 拍（5-8）

第五章　现代体育多元教学的技能训练

（2）跳步动作组合

跳步动作主要借助下肢动作发力，该组动作要注意保持上肢动作的平衡性，配合下肢动作完成训练，练习时要具有节奏性。需要注意的是，如需以音乐为伴奏做跳步动作训练，则要选择节奏轻快、具有弹性表现力的音乐。跳步动作训练具体分为五个步骤。

第一，在跳步动作训练前，要调整身体姿势，保持双腿叉立，双手叉于腰间，并分两次上下缓慢跳动，如图5-47所示。

图 5-47　跳步动作组合：第一个 8 拍（1-4）

第二，在接缓慢跳动两次后，双腿并拢直立，双臂自然贴于身体两侧，调整呼吸，然后保持双腿叉开，双脚跳动两次；继续做重复动作，如图5-48所示。

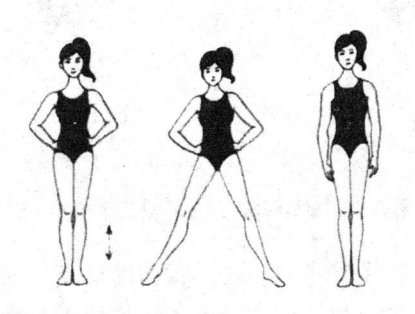

图 5-48　跳步动作组合：第一个 8 拍（5-8）

第三，调整身体站姿，双腿并拢直立，双臂呈弓屈形；接着依次做左右腿后踢跑动作，双手在胸前做交替击掌动作，双臂与肩部平行并上屈；继续做重复动作，如图5-49所示。

159

图 5-49 跳步动作组合：第二个 8 拍（1-4）

第四，依次做左右脚蹬跳动作。左蹬跳动作，身体向右倾，头部向左转动，左手臂伸直，右手臂紧屈，左腿向前蹬跳，左脚跟着地，右腿呈弓形步；接着双腿并拢直立，双手掌在胸前击掌；右蹬跳动作与左蹬跳动作相反；接着保持身体直立，双臂自然贴于身体两侧，如图 5-50 所示。

图 5-50 跳步动作组合：第二个 8 拍（5-8）

第五，双腿叉开，左手臂举直，右手臂向前举直，保持头部姿势不动；接着，身体转向右侧，双臂胸前弓屈，左手臂高度略低于右手臂，左腿直立，右腿弓屈，大腿和小腿保持垂直，脚尖朝下；恢复初始站姿，继续做后撤动作，左腿向前迈步，右腿后撤，脚尖着地，左右腿呈弓形步，头部向左转动，左手臂左侧伸直，右手臂朝上伸直；恢复初始站姿，如图 5-51 所示。

图 5-51 跳步动作组合：第三个 8 拍（1-4）

第六，右侧方提腿抬腿动作。提左腿（小腿与大腿稍垂直），双拳相对，双臂紧屈于胸前；恢复初始站姿；接着，右腿向侧上方直抬腿；右腿落地，与左腿并拢直立，恢复初始站姿，如图 5-52 所示。

图 5-52 跳步动作组合：第三个 8 拍（5-8）

第七，伸臂跳腿动作。身体向正右侧转动，左手臂向前伸直，右手臂向上伸直，保持头部姿势不动；恢复初始站姿；接着，依次抬左右腿，向右转体跳动，左右手臂反复做垂直屈臂动作；恢复初始站姿；左腿向左后方伸直，右腿向前迈步，呈弓形，向右转动头部，左手臂上屈，右手臂向右侧伸直，依次做交替动作；恢复初始站姿，如图 5-53 所示。

图 5-53 跳步动作组合：第四个 8 拍（1-4）

第八，正面提腿抬腿动作。提右腿（小腿与大腿稍垂直），双拳相对，双臂紧屈于胸前；恢复初始站姿；接着，左腿向侧上方直抬腿；右腿落地，与左腿并拢直立，恢复初始站姿，如图5-54所示。

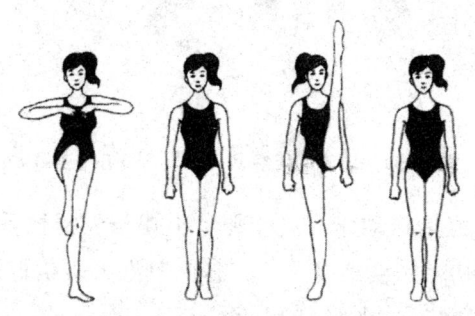

图5-54 跳步动作组合：第四个8拍（5-8）

第九，双腿叉立，头部向左侧转动，右手臂不动，左手臂向左侧伸直；恢复初始站姿；接着，左手臂上屈；双腿叉立，头部向右侧转动，左手臂保持上屈动作，右手臂向右侧伸直；恢复初始站姿；左右手臂同时上屈，如图5-55所示。

图5-55 跳步动作组合：第五个8拍（1-4）

第十，双腿叉立，双臂胸前上屈；双腿并拢直立，双拳相对，双臂与肩部平行，保持紧屈姿势；接着，双腿叉立，双臂同时向上伸直；双臂下落，恢复初始站姿，如图5-56所示。

图5-56 跳步动作组合：第五个8拍（5-8）

第十一，原地跑跳步。身体依次朝四个方向做左转体动作，双臂、双脚呈跑步姿势；恢复初始站姿；左右脚交替做原地踏步动作，双掌胸前击掌两次；恢复初始站姿；双腿叉立，双臂上抬紧贴头部两侧，上半身保持正直，提臀收腰，如图 5-57 所示。

图 5-57　跳步动作组合：第六个 8 拍（1-8）

三、武术

（一）运动概述

武术是一项传统运动，旨在培养人的身体技能动作及心理意志素养。武术，最早起源于原始社会，起初主要是为抵御侵略，现代武术则主要以强身健体为主。中华武术因"儒法防民"的关系，形成"传统军械武术""传统徒手武术"两大类。"传统军械武术"是以使用传统器械结合身体技能动作为主要表现形式，常使用的器械有刀枪剑戟棍、斧钺钩叉锤等。"传统徒手武术"是以身体技能动作为主要表现形式，常使用的徒手武术有拳类动作、腿脚动作等；此外，还包括各种形式的徒手表演，如太极拳、弓形拳、醉拳等。明朝时期，武术专著对武术理论、技术进行了系统化总结。1936 年，我国赴德国柏林参加第 11 届奥林匹克运动会武术表演，至此，中国武术开始具有现代表演性质。20 世纪 80 年代以后，我国通过专家出访、国际武术邀请赛、世界武术锦标赛等，同 40 多个国家和地区进行友好往来，借此我国武术运动得到进一步推广发展。2008 年北京奥运会，武术被列为表演项目，武术运动首次得到国际奥委会的认可。2020 年东京奥运会，武术运动虽然再次被提为奥运候补项目，但在正式新增名单中仍旧落选。综合体育运动发展趋势来看，无论是传统体育运动项目，还是新兴体育运动项目，竞技性是其不变的原则。因此，武术运动不能只是作为一项表演形式的运动，更应该体现其竞技特点，保持其独有的运动形式与特征。

（二）武术运动教学

1. 手型基本功

（1）基本手型

基本手型主要包括三个动作，分别是拳、掌、勾。拳，指握拳，握拳时要有力度，四指在掌心并拢，稍微留有拳眼，大拇指位于四指外侧上方，拳背与拳面要平，如图5-58所示。

图 5-58 拳

做掌型动作时，拇指侧弯并紧贴虎口，四根掌指要并拢伸直，如图5-59所示。

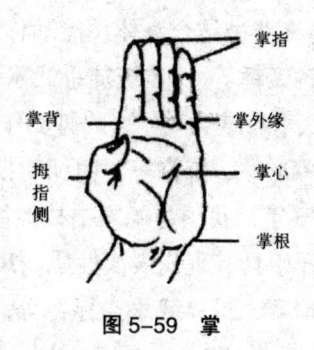

图 5-59 掌

做掌型动作时，五指并拢，手腕下屈，大拇指关节紧贴四指，大拇指要在其余四指外侧，如图5-60所示。

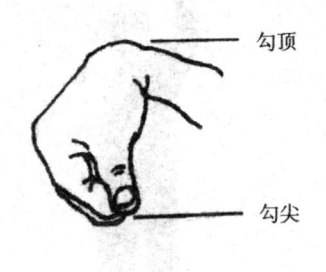

图 5-60　勾

（2）冲拳

做该动作，首先要调整身体站姿。保持身体直立，双脚向两侧微微分开，保持与肩同宽，双拳紧贴腰部，将拳心朝上，肘关节朝后，腰腹发力；其次，依次做左右冲拳动作。左拳紧贴腰部，右拳从腰部位置借助腰腹发力向前冲出，调整肩部姿势，右前臂内侧旋，保持与肩同高伸直，如图 5-61 所示。

图 5-61　冲拳

（3）架拳

依次做左右架拳动作。双腿微叉，与肩同宽，双拳紧贴腰部，肘关节朝后，拳心朝上，借助腰腹发力，举右拳高于头部，右臂在身体侧前方，目光跟随架拳动作转移，如图 5-62 所示。

图 5-62 架拳

(4) 推掌

依次做左右推掌动作。双腿微叉，与肩同宽，双拳紧贴腰部，肘关节朝后，拳心朝上，借助腰腹发力。左拳不动，右拳在前伸时变拳为掌，大致与肩平行，稍转腰部，调整肩部姿势，右臂内侧旋伸直，保持发力，右掌手型要正确，如图 5-63 所示。

图 5-63 推掌

(5) 亮掌

依次做左右亮掌动作。双腿微叉，与肩同宽，双拳紧贴腰部，肘关节朝后，拳心朝上，头部向左侧转动，右拳上举的同时变拳为掌，右掌要高于头部并在头部右前方，右手臂微屈，掌心并拢朝上，掌根和掌心在同一平面，目光跟随亮拳动作转移，如图 5-64 所示。

图 5-64　亮掌

2. 步型基本功

（1）弓步

调整身体站姿，双腿并拢直立，腰间抱拳。左腿前迈，右腿后撤，左右腿呈弓形状，身体上半身保持正直。需要注意，左腿前迈时，要使大腿与小腿保持垂直，左脚尖正面朝前，右腿后撤时，右腿保持微屈，左右腿交替做弓步动作，如图 5-65 所示。

图 5-65　弓步

（2）马步

调整身体站姿，腰间抱拳，双腿叉开（约为肩宽的 1.5 倍），左右脚尖分别正向朝前，双脚着地，双腿微屈，呈半蹲站姿，身体上半身保持正直，保持身体重心下移，两腿发力，如图 5-66 所示。

图 5-66 马步

（3）虚步

调整身体站姿，上半身保持平直，目光注视前方，双手叉于腰间，大拇指与四指分开，身体半蹲，向左前方微伸左脚，大腿与小腿呈钝角关系，左脚尖稍内旋下翘，脚面离地，右腿保持支撑作用，右脚尖外旋，脚面着地。依次做左右脚虚步动作，如图 5-67 所示。

图 5-67 虚步

（4）仆步

调整身体站姿，身体半蹲，上半身保持平直，头部侧转，目光注视左侧方，腰间抱拳，左右脚前后叉立。右腿前迈，使右膝盖在右脚尖前侧，左腿后撤，大腿与小腿保持一条线，左脚内旋，左脚尖朝前。依次做左右腿仆步动作，如图 5-68 所示。

图 5-68　仆步

（5）歇步

调整身体站姿，身体下蹲，上半身保持平直，头部侧转，目光注视左侧方，腰间抱拳，依次做左右脚歇步动作。右脚在前保持不动，左脚后撤至臀部位置，左脚尖着地，左脚跟贴近臀部，保持身体重心平衡，如图 5-69 所示。

图 5-69　歇步

参考文献

[1] 宫一博. 高校体育多元化教学模式探究[J]. 吉林师范大学学报（自然科学版），2010，31（02）：155-156.

[2] 杜凤翠. 论高校体育教学与现代体育教学理念的矛盾[J]. 湖北体育科技，2010，29（05）：558-559.

[3] 张志华. 我国高校竞技体育人才培养的理论与实践研究[D]. 北京：北京体育大学，2014.

[4] 孙晋海. 我国高校体育学学科发展战略研究[D]. 苏州：苏州大学，2015.

[5] 王琪. 西方现代体育科学发展史论[D]. 福州：福建师范大学，2011.

[6] 王淑英. 学校体育课程体系研究[D]. 石家庄：河北师范大学，2012.

[7] 黄睿. 跨学科视野下我国高校体育科研创新能力研究[D]. 福州：福建师范大学，2013.

[8] 李雄飞. 论体育教学模式研究的现状与未来发展[J]. 体育风尚，2019（12）：148.

[9] 邹小江，林向阳. 我国高校体育教学改革的缘起、论域、困惑及建议[J]. 山东体育学院学报，2020，36（02）：112-118.

[10] 蔺浩，刘勇. 基于多元智能理论的高校体育教学的路径探析——评《体育教学与模式创新》[J]. 教育发展研究，2020，40（20）：87.

[11] 程瑞瑞. 多元智能理论视域下高校体育专业网球教学的创新研究[D]. 郑州：河南大学，2013.

[12] 马若龙. 湖南省普通高校体育教材评价内容与方法研究[D]. 长沙：湖南大学，2013.

[13] 曹晓东. 普通高等院校体育教学模式改革的探讨与研究[D]. 济南：山东体育学院，2011.

[14] 刘旭明. 我国普通高校体育异化的过程与本质研究[D]. 武汉：华中科技大学，2019.

[15] 韩锐，安庆标. 基于民族传统体育走进学校体育教育的分析[J]. 北京印刷

学院学报，2020，28（S2）：177-180.

[16] 周宁. 高校体育教学与校园足球发展研究 -- 评《高校体育教学理论探索与实务研究》[J]. 中国高校科技，2021（06）：106.

[17] 吴昊. 论我国大学体育课程文化自觉[D]. 北京：北京体育大学，2015.

[18] 蒋红霞. 体育价值研究[D]. 杭州：浙江大学，2017.

[19] 侯吉林. 加强体育理论课教学促进高校教学改革[J]. 锦州师范学院学报（自然科学版），2003（01）：92-93.

[20] 黄晓丽. 当代中国学校体育健康教育思潮研究[D]. 长沙：湖南师范大学，2015.

[21] 王秀强. 中国百年大学体育文化的传承与发展战略研究[D]. 上海：上海交通大学，2018.

[22] 李博. 学科交叉视域下我国体育学知识演化的多维研究[D]. 福州：福建师范大学，2018.

[23] 罗林. 休闲体育的认识深化及在我国的发展研究[D]. 苏州：苏州大学，2005.

[24] 白涛. 高校体育建筑多功能化设计研究[D]. 西安：西安建筑科技大学，2008.

[25] 东锋. 现代体育教学思想影响下的普通高校体育教学模式研究[J]. 体育科技文献通报，2011，19（12）：53；65.

[26] 喻雪莲，彭雪玲. 公共健康服务视域下高校体育教师职业化模型构建研究[J]. 广州体育学院学报，2014，34（03）：119-121；128.

[27] 卞会泉. 论高校体育文化对大学生社会化的影响[D]. 成都：四川大学，2005.

[28] 洪静静. 休闲价值取向：我国普通高校体育教学内容的选择研究[D]. 福州：福建师范大学，2006.

[29] 唐爱英. 拓展训练理念下普通高校体育教学模式改革的研究[D]. 长沙：湖南师范大学，2009.

[30] 杜伟. 体育课程制度的现代性审视[D]. 苏州：苏州大学，2009.